逻辑时空丛书
LOGIC

刘培育 主编

倡导理性　恪守逻辑　正确思维

校园逻辑

韦世林 ⊙著

北京大学出版社
PEKING UNIVERSITY PRESS

图书在版编目(CIP)数据

校园逻辑/韦世林著.—北京:北京大学出版社,2006.7
(逻辑时空丛书)
ISBN 978-7-301-10861-1

Ⅰ.校… Ⅱ.韦… Ⅲ.逻辑 Ⅳ.B81

中国版本图书馆 CIP 数据核字(2006)第 072962 号

书　　　名：校园逻辑
著作责任者：韦世林　著
责　任　编　辑：李廷华
版　式　设　计：王炜烨
标　准　书　号：ISBN 978-7-301-10861-1/B·0370
出 版 发 行：北京大学出版社
地　　　址：北京市海淀区成府路 205 号　100871
网　　　址：http://www.pup.cn　电子邮箱：xuyh@pup.pku.edu.cn
电　　　话：邮购部 62752015　发行部 62750672　编辑部 62752824
　　　　　　出版部 62754962
印　刷　者：三河市新世纪印务有限公司
经　销　者：新华书店
　　　　　　730 毫米×980 毫米　16 开本　11.25 印张　173 千字
　　　　　　2006 年 7 月第 1 版　2007 年 2 月第 2 次印刷
定　　　价：22.00 元

未经许可,不得以任何方式复制或抄袭本书之部分或全部内容。
版权所有,侵权必究
举报电话：010-62752024　电子邮箱：fd@pup.pku.edu.cn

谨以此书献给
过去现在未来的殷殷园丁和莘莘学子!

总序

发挥逻辑的社会功能
推动全社会健康有效的思维

（一）

2003年4—5月间，首都10多家主流媒体纷纷在显著位置、以醒目标题报道了10位著名逻辑学家和语言学家发出的强烈呼吁：社会生活中逻辑混乱和语言失范现象令人担忧。

《人民日报》（记者苏显龙）在要闻版报道说，专家们从不同角度探讨了当前社会生活中存在的不重视逻辑、不能正确使用祖国语言的现象，并就如何提高人们的逻辑水平和语言表达能力，提出了富有建设性的意见。

《人民日报》（海外版）（记者刘国昌）教科文卫版头条的大字标题是：《逻辑混乱、语言失范现象亟待改变》。文章说，专家们对社会生活方方面面存在的逻辑混乱、语言失范现象表示担忧，强烈呼吁进一步净化逻辑语言环境，提高人们的思维和表达水平。

《光明日报》(记者李瑞英)在理论版显著位置指出,逻辑是人类长期思维经验的总结,是正确思维与成功交际的理论与工具,它以特有的性质和功能服务于社会,对提高人的基本素质、培育人的理性和科学精神都有重要作用。专家呼吁人们要学习逻辑知识,自觉培养逻辑思维习惯,学会逻辑分析方法。

《中国教育报》(记者潘国霖)以《呼唤全社会关注逻辑、语言》的大字标题,用2/3版面刊登了专家们发言详细摘要。编者特别在按语里提示说,专家们重申逻辑与语言的社会功能和作用,从政治、经济、文化等不同角度阐述了学习、推广逻辑科学的现实意义,对于我们做好教育教学工作具有一定的帮助。

《法制日报》(通讯员梅淑娥)以《逻辑性是立法与司法公正性的内在要求》为题强调指出,我国在立法和司法领域里发生问题的重要原因之一,是我们的某些立法司法人员没有逻辑意识,缺乏逻辑素养和逻辑思维能力。

《工人日报》(记者王金海)在"新闻观察"栏目里刊出通栏标题:《让逻辑学从"象牙塔"中走出来》。文章提要说:"我们今天正面临着某种程度的逻辑混乱、语言失范的危险,而大多数人对此还根本没有意识到。"文章说,逻辑学不是少数专家们研究的学问,它同每个人的生活和切身利益息息相关,要大力提倡逻辑学的大众化。

《北京日报》(记者戚海燕)在头版用大字标题《逻辑缺失现象令人担忧》报道了专家的意见,强调"普及逻辑知识,规范思维与语言是当务之急"。

……

专家们的呼吁是在中国逻辑与语言函授大学建校21周年之际所举办的"逻辑语言与社会生活"座谈会上发出的。我本人参加了这个座谈会,并在会上作了主题发言。从专家们的强烈呼吁和媒体的强劲报道中,我们可以感悟到:

——逻辑学作为正确思维和成功交际的理论,它是一门基础科学和工具性科学。逻辑思维与人类为伴,渗透在社会生活的方方面面,无处不在,无时不在。然而当今我国社会生活中,逻辑混乱和语言失范现象具有一定程度的严重性。不论是法律条文、经济合同、决策论证、广告说明,还是官员讲话、教师授课、传媒报道,几乎时时处处都能看到概念不明确、推理不正确、论证不科学、语言不规范的现象。这些逻辑语言方面的问题妨碍着人们的正常生活,有时甚至造成极为严重的后果。

——令人高兴的是,一批有责任感的学者已经关注和重视到社会生活中的逻辑混乱和语言失范的问题,他们发出了呼吁,进而提出了解决的办法。同样令人高兴的是,一批敏感的新闻工作者已经关注和重视到专家们的意见,及时反映了他们的心声。我再补充一点,在座谈会上,有关方面的领导同志也都发表了很好的意见,与专家们有高度的共识。我觉得,如果大家共同行动起来,一块来推动逻辑的普及工作,充分发挥逻辑的社会功能,在不久的将来,社会生活中逻辑混乱、语言失范的现象就会有所改观。

(二)

我们编撰《逻辑时空》丛书可以说是落实专家呼吁的一个具体行动。我们的出发点就是向社会普及逻辑知识,发挥逻辑的社会功能,推动全社会健康有效的思维,培育人们的理性品格和科学精神,服务于国家的经济建设和社会的和谐发展。

15年前,我有机会阅读吕叔湘先生翻译的英国逻辑学家L.S.斯泰宾著《有效思维》的手稿。该书是针对20世纪30年代英国社会不讲逻辑、甚至反对讲逻辑的情况而写的。但作者没有把它写成讲授逻辑学的教科书,而是从更广阔的视野即有效思维的层面上,指明人们进行思维时所经常遇到的来自内心的和外界的种种障碍和干扰;并且强调指出,不排除这些障碍和干扰,人们就不可能进行有效的思维,就会妨碍人们做出正确的行动。该书立论紧密联系当时社会生活及人们日常思维的典型实例,分析中肯,好读好用。我觉得,该书虽然是作者在半个多世纪前针对英国社会写的,但今天的中国也很需要这本书。我还提出:"中国的学者应该结合当今中国的实际写一本类似《有效思维》的书,它对中国人进行有效的思维肯定会有帮助的。"《逻辑时空》丛书的出版,也是我15年前上述想法的一个延伸。

《逻辑时空》丛书的基本定位是大众读物和教学参考书。

《逻辑时空》丛书的主要内容是探索和阐释人们社会生活各个领域里的逻辑问题。具体写法是:针对社会生活某个特定领域里的思维实际,突出该领域里最常见的逻辑问题,结合具体的典型的案例进行阐释,介绍相关的逻辑知识。介绍逻辑知识时不求逻辑体系完备,力求突出重点,也就是说在某特定的领域里,有什么突出的逻辑问题,我们就重点写什么。在说明逻辑知识时,为方便读者理解,必要时适当介绍相关的预备知识。

《逻辑时空》丛书也精选了近20年来在国内产生较大影响的几部逻辑普及读物。这几部读物都请作者做了新的修订。

《逻辑时空》丛书包括12本书。它们是:

1.《逻辑的社会功能》,作者张建军,南京大学哲学系副主任,教授,博士生导师,中国逻辑学会副会长。

2.《逻辑的训诫》,作者王洪,中国政法大学逻辑研究所所长,教授。

3.《经济与逻辑的对话》,作者傅殿英,首都经济贸易大学教授。

4.《校园逻辑》,作者韦世林,云南师范大学教授。

5.《博弈思维》,作者潘天群,南京大学哲学系教授,博士生导师。

4

6.《咬文嚼字的逻辑》,作者李衍华,中华女子学院逻辑教研室主任,教授,中国逻辑与语言函授大学教授。

7.《演讲、论辩与逻辑》,作者谭大容,重庆市社会科学联合会年鉴编辑室主任,副教授。

8.《古诗词中的逻辑》,作者彭漪涟,华东师范大学哲学系教授,原中国逻辑学会副会长。

9.《逻辑思维训练》,作者陈伟,复旦大学哲学系逻辑教研室。

10.《逻辑与智慧新编》,作者郑伟宏,复旦大学古籍研究所研究员。

11.《趣味逻辑》,作者彭漪涟,华东师范大学哲学系教授,原中国逻辑学会副会长;余式厚,浙江大学城市学院传媒分院教授,兼任浙江省逻辑学会副会长等。

12.《笑话、幽默与逻辑》,作者谭大容,重庆市社会科学联合会年鉴编辑室主任,副教授。

(三)

《逻辑时空》丛书很快就要和广大读者见面了。此时此刻,我由衷地感谢丛书策划杨书澜女士。书澜女士是北京大学出版社资深的编辑和策划专家,有丰富的出版经验;她又在高校教过多年逻辑学,对逻辑的功能和作用有深刻的理解。2003年9月30日,当我在电话中同书澜女士谈到社会生活中的逻辑混乱,以及人们渴望学习逻辑知识时,她说和我有同感。20天后,我们就形成了编撰《逻辑时空》丛书的设想。她作为策划,提出了选题基本构想和写作基本要求,还帮助我物色了几位作者,并和作者保持着经常的联系。我毫不夸张地说,如果没有书澜女士的高度社会责任感和远见卓识,《逻辑时空》丛书就不可能如此顺利问世。

我由衷地感谢丛书的各位作者。他(她)们都是我国逻辑学界有成就有影响力的学者,都有很重的教学和科研任务。但他（她）们愿意为《逻辑时空》丛书撰稿，并且按计划完成了写作。我敢说，所有作者都是尽了力的。

丛书中有几本是新修订的再版著作。原版权享有者同意将它们收入本丛书出版，我向他们致以谢忱。

我希望读者能够喜欢《逻辑时空》丛书，企盼《逻辑时空》丛书在向全社会普及逻辑知识方面能发挥一点作用。我要说明的是，《逻辑时空》丛书的写作思路对于我还是一种尝试。这种尝试是否成功，要请读者去评判。我真诚地请求读者朋友能把你读《逻辑时空》丛书的感受、意见和建议告诉我们*。我在这里向你致敬了。

中国社会科学院哲学所研究员
中国逻辑与语言函授大学校长
刘培育
2005 年 3 月

---

* 读者反馈意见请寄发：
① 北京市北三环西路 43 号中国逻辑与语言函授大学（邮编：100086）
　　E-mail：liupy@ cull. edu. cn　刘培育收
② 北京海淀区成府路 205 号北京大学出版社（邮编：100871）
　　E-mail：YangShuLan@ yeah. net　杨书澜收

序

《逻辑时空》这套丛书很好，从书名到内容都很大气。可以说是历年来国内逻辑学科通俗著作的集大成者。

《校园逻辑》作为这套丛书之一，除有着丛书的共性之外，更有着它独特的鲜明个性。

我受嘱为《校园逻辑》写序，虽有为难但很感兴趣。为难是因为我手头的事情太多，平添一份差事总要熬几个日夜。说感兴趣，一是因为我可以最先读到该书，而该书的作者韦世林教授曾经与我们十几个人合作写过《逻辑与知识创新》，大家是老朋友了。所谓"见书如面"，读书是与作者交流，读老朋友的书算是与老朋友叙旧吧；二是因为我还了解韦教授的一点写作风格，她写的书不会难读，她的专著《汉语—逻辑相应相异研究》就是很有可读性的。果然，《校园逻辑》的别开生面证实了我的推断。

《校园逻辑》是写逻辑的，但它不是通俗简易的教科书式写法。因为它虽然通俗易读却不像教科书那样完整全面而又庄重严肃；它也不是散文随笔式的写法，因为它虽然浅明晓畅却不像散文集那样天马行空而又略显零散（我这样说，绝对不是否定教科书式、散文式写法，每种写法都各有千秋。我只是采用对比的方法谈自己对该书的直接感受）；它还不是我们所看见过的任何一本逻辑读物的写法，因为它的逻辑框架、行文构思、案例剖析等，都是太独特了。

首先，书中剖析的案例完全来自校园生活里的逻辑问题。校园中的教与学，苦与乐，高雅与世俗，拼搏与消遣，行为与思考，以及课内与课外，学生与教师，群众与领导，旁及校园与社会，工作与消费，等等，都被进行了一番逻辑扫描。于是，书中所提出和解决的问题，就不是那些大家所熟知的陈旧又流行的或者游戏性的问题，而是具体实在的校园中的逻辑问题，这样一来，就使该书具有了较强的现实性和针对性。能够用逻辑理论分析和解决身边发生的现实问题，这看似简单，其实需要敏锐的观察分析能力和较好的理论功底，否则，要么不能发现问题，要么不能分析和解决问题。《校园逻辑》却能从我们熟悉的校园生活中发现诸多逻辑问题，并且认真地提出之、分析之、解决之。

其次，书中对案例的剖析绝不千篇一律。虽然，书中所有问题的分析和解决都是由威逻辑教授一个人操作完成的，但是，威教授这个人物形象的逻辑智慧及其敬业精神，却是众多优秀逻辑工作者的实践品格——譬如，她那"具体逻辑问题具体分析、具体解决"的科学求实作风，她那"见逻辑问题就上"的职业敏锐和责任感，她那"维护逻辑尊严又不机械教条"的逻辑学者风度，等等。威教授在分析和解决逻辑问题时，已经不仅仅是在应用逻辑知识，而且是在运用逻辑能力和逻辑智慧了。再加之每个案例的分析，都是在事件发展的动态中进行，因此，我们在不同案例中读到了不同的逻辑理趣。应该提到的是，书中案例有人物有故事有情节，使我们似乎看到了《福尔摩斯探案集》的一丝踪影，然而，《校园逻辑》的案例剖析绝不像柯南道尔那样武断和霸道。柯南道尔笔下的福尔摩斯，把案例中的推断都归结为必然性推理，其实，福尔摩斯的推断有许多都只能是或然性的、似然性的，有的甚至只能算是一些推测或猜测，而柯南道尔往往把猜测也归结为必然性推理，这就出现了不少的牵强附会。《校园逻辑》的案例剖析，则是把解决问题的逻辑思路实事求是地展现为具体的逻辑程序，并不拘泥于逻辑知识的直接传播，故读《校园逻辑》时，应当多注重其解决问题之思路所显示的逻辑能力和逻辑智慧。

再次，书中对逻辑学界一些有争议的问题，也巧妙地借案例或书中人之口有一二阐析，诸如大逻辑观念、批判性思维，等等。这说明作者的学术视野并不狭隘。

还有，书中借用21位弟子在互联网上回忆及评论威逻辑教授的方式，使威逻辑这个人物一直没有正面出台，却又在书中时时处处可触可见，这也增加了该书与时俱进的时尚性和几丝神秘气氛，从而更具有可读性。

总之，《校园逻辑》那独特的创意是显而易见的。同时，它的瑕疵也毋庸讳言——案例的分析不太均衡，有的案例分析得深透，有的则尚嫌粗疏。当然这只是我个人的看法，所谓"见仁见智"罢了。《校园逻辑》的功过成败，最终还是要由广大读者评说。

桂起权
2006年3月16日于武汉大学

前言

这本书,实验性地把逻辑知识、逻辑思维以及批判性思维和创造性思维融进了校园生活的方方面面。读这本书,实际上是读书人与写书人、书中人进行一番逻辑交流。

尽管书中涉及逻辑学科的许多方面,比如书中遍布逻辑分析、逻辑方法、演绎推理、语用推理、合情推理,等等,但本书的理论性、学术性,并不体现在系统地、严整地、集中地、冷硬地阐析逻辑学的固定原理,而主要是侧重地、宽和地、分散地、温柔地展示逻辑实践,即展示运用逻辑学来解决实际问题的鲜活的逻辑魅力。

书中的校园,生活是鲜活的,思维是鲜活的,逻辑也是鲜活的。因为有那么一些逻辑教师和逻辑工作者,说不清是逻辑融合进了他们的生命,还是他们的生命融合进了逻辑,他们在校园里的辛勤耕耘已经使逻辑之树常青!书中校园只不过是现实校园的一个缩影。

贯穿全书的"威逻辑教授",既是一位能把逻辑学讲得精彩纷呈、引人入胜的逻辑教授;又是一位"路见不平,就'拔逻辑'相助"的逻辑女侠;还是一位"每遇谬误,就'治病救理'"的逻辑郎中;更是一位启人心智,引你"进入快乐的思考,享受思考的快乐"的逻辑王国向导。

诚然,"威逻辑教授"完完全全是个虚拟人物,她只存在于书中的可能世界里。不过,她也有着坚实又丰满的生活原型,在我们各自的现实校园里,不是早就有了许多张逻辑、李逻辑、赵逻辑、刘逻辑吗?威逻辑教授不过是这些各姓逻辑教授的一个共用索引符号,威逻辑教授的所思所想所作所为,其实就是优秀逻辑教师赵钱孙李之思想与行为的模拟和抽样。

书中回答有关逻辑思维、批判性思维、创造性思维以及怎样教逻辑,怎样学逻辑,怎样用逻辑等问题,都采用案例剖析式。在每个案例之问题提出、问题分析、问题解决的一系列程序中,该用到的理论自然而然显露出峥嵘。

全书分为三篇,每篇各辖7小节。每篇首页的"问题集"是该部分需要解决的主要问题,但对于所列问题的解决,并非采用问题顺序与小节排序一一对应,而是普遍性问题渗透各节,特殊性问题由相关小节自行处理。

第一篇 主要是求解"逻辑课程教与学"方面提出的问题。个中涉及思维学类课程的教育指导思想,强调思维类课程必须紧密结合思维实际,主张作为思维工具的逻辑,应当在教学中突出思维训练和培养良好的思维习惯。在这样的前提下,案例集中探讨:怎样根据对象处理逻辑教材和怎样设计教学方法,怎样把逻辑学知识讲得鲜活,怎样让学生把逻辑知识迅速转化为逻辑能力,怎样引导学生感悟逻辑的真谛,怎样进行逻辑分析实践的探索,等等。于是,书中的示范性的逻辑知识讲解、逻辑思维、批判性思维、创造性思维的运用也就真实地有机融和在各个小节的案例中。

第二篇 主要是求解"如何运用逻辑的理性思维提高表达的严密性、论证性"。此中案例的主体是校园中教师的教学工作与日常生活提出的逻辑问题。所涉及的逻辑知识不仅仅局限在经典逻辑的范围,有的是涉猎到规范逻辑或者某些应用逻辑,有的则涉猎泛逻辑,诸如逻辑语义学、逻辑语用学等。但无论涉猎何种非经典逻辑,均不铺开讲授,而是点到为止,突出其功能效应,激发读者今后进一步学习相关逻辑的欲望。

第三篇 主要是求解"如何运用逻辑来提高思维的预见性、敏捷性、识别性"。案例取自校园莘莘学子学习与生活提出的逻辑问题。此部分涉及多种形式的推理,为了使推理与案例的关系水乳交融而不是油水相加,每个案例的逻辑剖析不尽相同,或繁或简,或浅或深,或隐或显,或多或寡,等等不一。旨在用推理解决具体问题的实例剖析中,让读者自己感受和体验逻辑的滋味。

当然,本书对于每个案例的问题解答,不是也不应该是唯一的答案,因为那只是威逻辑教授在那特定可能世界的思考,是针对每个具体问题的一种解决方案,或者说只是解决该问题的一个充分条件。对于同一个问题,完全允许使用别的方式进行一题多解,最终可以殊途同归。更何况,本书并非采用考试指南类的逐一跟题回答,而是问题及其解答都潜伏在案例的逻辑剖析过程中。

还有,本书的案例虽然都来自校园生活,但每个案例都经过了一定的修剪与整合,案例中那些表现出各种做派行为的有名有姓人物,不可能在现实生活中找到对应的身份证,因为他们每个人都是鲁迅先生说的"没有专用过一个人,往往嘴在浙江,脸在北京,衣服在山西,是一个拼凑起来的角色"(《鲁迅全集》第四卷第 394 页)。同理,案例中的事件也绝对不是完全照搬现实中某人所为的某一件事。此书的宗旨是分析和解决你、我、他已经发生或者可能遇到的逻辑问题,而绝不是针对你、我、他等具体的某个人本身。当然,我们完全相信,广大的理智读者是绝不会"疑心生暗鬼"地擅自跑进书中,盲目认定某个角色就是写自己而大光其火,否则,就等于自己宣告自己"已经掉在了读书、看文章的常识线之下"了。因为本书的主角威逻辑教授尚且不过是可能世界的一个虚拟人物,其他的人物、事件怎能不是可能世界中的角色呢?至于可能世界与现实世界有可通达关系,那毕竟是"通达"而不是"等于"。

书稿初成时,曾请邻近几所院校的一些师生和校园外人

士品头论足,也许他们都出于友好的鼓励,反馈回来的有如下话语:

园丁们,无论教不教逻辑的,均一致说:我真希望自己也是个"威逻辑教授"。

学子们有三说:说法一,我们已学过逻辑课,读来如故人新见,有许多启示和感悟,既觉得亲切,又觉得遗憾——当初没有深入理解逻辑学,更没有机缘遇到威逻辑教授;说法二,我们正在学习逻辑课,读来茅塞顿开,书给予我们真切的指引,使我们在逻辑王国里不会成为迷途的羔羊,我们喜欢"威逻辑教授";说法三,我们也许没有机会学习到"教学计划"所安排的逻辑课程,但是能由此书初进"威逻辑教授"的"逻辑王国",感到很荣幸,对逻辑课更充满了热切的向往,我们会常常拜访"威逻辑"们的。

校园外人士说:希望在校园内外都多有一些"威逻辑",人们就能更理智、更机智,由"知理"到"知礼",互相尊重,社会也就更容易达到和谐了。

不管说法如何,上述见书者算是基本接受了"威逻辑",尤其是莘莘学子能由此对逻辑产生"亲切""真切""热切"之感,"威逻辑"就笑了!

"威逻辑"将带着这些鼓励走向现实世界,为共建理性的和谐社会略尽绵薄之力!

本书在写作过程中学习和借鉴了许多先哲和时贤的大作(书末附有参考目录),获益匪浅,在此一并致谢!

本书在选题和撰写过程中得到主编刘培育先生和策划编辑杨书澜女士的点拨与帮助,说声"谢谢"似乎不足达意,在此应当向二位深鞠一躬!

然而,由于笔者学识才情有限,加之在繁忙的教学之余撰书,书的一些粗疏和不尽如人意是难免的,笔者为此深表歉意并恳请时贤同仁及广大读者批评指正。

韦世林

2006年6月6日于昆明醒睡轩

目录

引子 1 ·· (1)
引子 2 ·· (3)

第一篇 "威逻辑"教授思如泉涌

问题集：{逻辑是什么？怎样教逻辑？怎样学逻辑？怎样用逻辑？逻辑学怎样融入激情？逻辑学怎样使人流连忘返？怎样才能使逻辑学枯燥的形式化变得形象化？怎样使逻辑学讲得精彩纷呈？怎样使逻辑引人入胜？怎样从逻辑中找到思考的乐趣？怎样把概念的知识讲得趣味盎然？怎样把逻辑方阵讲得启人心智？怎样展示三段论的诡异魅力？怎样显示二难推理的百般理趣？一流的教逻辑与学逻辑是什么样的？……？……?}

问题解：·· (7)

　§1　威教授的"逻辑王国"
　　　（弟子 A 的来稿）································ (7)

　§2　威教授"概念"皇冠山
　　　（弟子 B 的来稿）································ (15)

　§3　威教授"直言"逻辑阵
　　　（弟子 C 的来稿）································ (23)

§4 威教授"三段"独秀峰
　　（弟子 D 的来稿）···（30）

§5 威教授"二难"摩天岭
　　（弟子 E 的回忆）···（36）

§6 威教授的"比较方法"
　　（小 F 的来稿）···（50）

§7 威教授的"大逻辑观"
　　（弟子 G 的来稿）···（57）

第二篇 "威逻辑"教授言如破竹

问题集： 逻辑怎样走出逻辑王国？逻辑怎样显示自己的生命力？逻辑怎样调节人际关系？逻辑怎样使人心悦诚服？逻辑怎样成为人生武器？逻辑怎样使人唇枪舌剑？逻辑怎样治口吃？逻辑怎样打赢官司？逻辑怎样制服小顽童？逻辑怎样调教刁保姆？……？……？

问题解： ···（65）

§8 "威逻辑"为"吴物理"治口吃
　　（弟子 H 的来稿）···（65）

§9 "威逻辑"修"花大侃"长舌辞
　　（弟子 J 来稿）···（70）

§10 "威逻辑"帮"陈历史"打官司
　　（弟子 K 来稿）···（79）

§11 "威逻辑"助"高体育"训顽子
　　（小 L 的来稿）···（87）

§12 "威逻辑"替"乔外语"管保姆
　　（弟子 M 的来稿）···（94）

§13 "威逻辑"揭"世家女"假金子
　　（弟子 N 来稿）···（100）

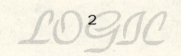

§14 "威逻辑"斥"歪货郎"货骚扰

（弟子 P 的来稿）……………………………………（104）

第三篇 "威逻辑"教授察若透骨

问题集： 逻辑怎样促进批判性思维？逻辑怎样提高学生心理素质？逻辑怎样提高学生文化素质？逻辑怎样使人思路敏捷？逻辑怎样使人火眼金睛？逻辑怎样使人明察秋毫？逻辑怎样化解恶作剧？逻辑怎样抵制抄袭行为？逻辑怎样戳穿作弊花招？逻辑怎样帮助逮马加爵？……

问题解：……………………………………………………（111）

§15 再糊涂也唤你清清醒醒

（弟子 Q 的来稿）……………………………………（111）

§16 再油滑也使你服服帖帖

（弟子 Q 的第二篇来稿）……………………………（116）

§17 再捣蛋也让你规规矩矩

（弟子 R 的来稿）……………………………………（125）

§18 再狡辩也知你转移论题

（弟子 S 的来稿）……………………………………（129）

§19 没读过原文但查出抄袭

（弟子 T 的来稿）……………………………………（133）

§20 没在考场竟能抓住作弊者

（弟子 U 的来稿）……………………………………（144）

§21 早推知马加爵天涯亡命

（弟子 V 的来稿）……………………………………（148）

扣子

——逻辑弟子的网络世界 …………………………………（154）

主要参考书目 …………………………………………………（155）

后语 ………………………………………………………………（157）

引子 1

• 网络世界里的逻辑弟子 •

画面：http://www.sohu/聊天室

A：B 君，下个月 28 日是威逻辑教授的 60 华诞，也是她从教 35 周年，我们在沿海的几个老弟子都想祝贺她一下。你是她的得意门生，是否组织大家做点什么？

B：小 A，真是英雄所见略同！我也正想找人商量一下，这可是"瞌睡遇着了枕头"。我初步打算，我们集体写一本书送给威逻辑教授。

A：什么？你有没有搞错？威逻辑教授已经著作等身，你要我们写一本书送她？而且还是在一个多月的时间里？你是班门弄破斧呀！

B：你别急嘛，我不是想写莫测高深的理论著作，那当然是无法与威逻辑教授的著作相提并论的，更不可能在几十天里完成。我是想组织大家写威逻辑教授的逸事回忆录，就是谈谈逻辑王国里的"威逻辑教授"，其实，也就是回忆我们当年的心路经历，回忆在宿舍里或草地上的那些争论，回忆逻辑课堂里的那些惊喜。

A：是啊，那些年，威逻辑教授使我们一会儿争论得脸红筋涨，一会儿乐得哈哈大笑，写出来准有意思。你分配任务吧。

B：小 A，你在网上发布信息，让 C、D、E、F、G、H、I、J、K、

L、M、N、O、P、Q……都出来侃大山,专门回味威逻辑教授活教活用逻辑的精彩片段,要是有成型的文章,就发个 E-mail 给我。只有我多苦点儿了。

A:那当然!合伙写书是你的主意,你不下地狱谁下地狱呢?

引子 2

• 逻辑王国里的"威逻辑教授"•

"威逻辑教授"本姓"隗",读"wěi"第三声,音同"尾""伪"。不知道从什么时候起,同学们就把"隗"教授称为"威逻辑"或者"威教授"。也许,一是因为读第三声比较别扭,而第三声与第二声或第四声连读更难出口;二是"隗"与"伪"的声、韵、调都相同,同学们不愿意把敬爱的逻辑老师与"伪"联系起来,于是把"隗"换成"威",这样,既把别扭的第三声换成容易上口的第一声,又表达出了"有威力的逻辑教授"之意。就这样,一拨一拨的学生走了又来,来了又走,而把"隗"教授呼为"威逻辑"或者"威教授"的称谓却一直传承下来。

话说威逻辑教授,真是面若逻辑,深度近视镜片后面的眼睛虽然不大却炯炯有神,不时闪烁出智慧的光芒;齐耳根的短发虽然已有银丝,却从不零乱,即使是在大楼的穿堂风把教室门骤然吹开,讲台上的讲稿都吹得飘扬起来之时,威教授的短发也依然故我,好像它们都懂得维护逻辑结构的尊严。不过,她的短发绝不是那种机械僵硬又上下一笼统的"两块瓦",而是短发末尾烫得恰到好处地向上翻成圆卷,在规范中显现出了灵动,在灵动中又透露出了和谐,发型独特得很有创新意味。

当然,威逻辑教授的价值,并不在于她的眼镜和发型,而在于她的逻辑头脑,她的敏捷思路,她的思维效率和表达效益,以及她的"大逻辑"观念与"活逻辑"追求。换句话说,威逻辑教授更可贵的,是本书所阐析的她之思如泉涌、她之言如破竹、她之察若透骨等逻辑能力与逻辑智慧。

第一篇 "威逻辑"教授思如泉涌

问题集：

{逻辑是什么？怎样教逻辑？怎样学逻辑？怎样用逻辑？逻辑学怎样融入激情？逻辑学怎样使人流连忘返？怎样才能使逻辑学枯燥的形式化变得形象化？怎样使逻辑学讲得精彩纷呈？怎样使逻辑引人入胜？怎样从逻辑中找到思考的乐趣？怎样把概念的知识讲得趣味盎然？怎样把逻辑方阵讲得启人心智？怎样展示三段论的诡异魅力？怎样显示二难推理的百般理趣？一流的教逻辑与学逻辑是什么样的？……？……?}

问题解：

§1 威教授的"逻辑王国"

(弟子 A 的来稿)

当你还不知道"逻辑是什么"的时候,只要你去听听"威教授"讲的"逻辑学绪论",你就会马上与逻辑学结下不解之缘。

因为,威逻辑教授讲的那绪论真叫精彩!那是经典地道的中国式锦绣结构——"凤头、猪肚、豹尾"。即绪论开头如凤凰般华丽高贵,绪论中间似猪肚般饱满丰腴,绪论结束像豹尾般刚劲有力。那绪论真叫是要内容有内容,要形式有形式,要理性有理性,要情感有情感。讲者越讲越精彩,听者越听越心痒,恨不得一头就扎进她的逻辑王国里去。

我印象很深的是,威教授在绪论开篇讲"形式逻辑的对象"时就反复强调:"逻辑学研究的是思维的结构及其规律,在逻辑学里有两个最基本的概念必须时刻牢记,那就是'常项'和'变项'。如果你听了这两节课但没有记住'常项''变项',那么你今天就白来了。"她这样一警示,同学们都把注意力自觉集中过来,我就更盯紧了。所以我至今还清楚记得——常项,是指思维结构中比较稳定,较少变化的部分,比如"什么<u>是</u>什么"中的"是","谁<u>不</u>什么"中的"不","<u>或者</u>什么,或者什么"中的"或者",等等。变项,是指思维结构中经常变化,可以替换的部分,比如前面例句里的"什么""谁",就可以替换为具体的任一物或任一事或任一人。逻辑学研究的对象,说穿了就是研究各种各样思维结构中的常项如何如何、变项如何如何、常项与变项的相互制约如何如何。能够经常地、自觉地用常项与变项观念分析思维结构,才算是进入逻辑王国,才可以说"知道逻辑王国的一点儿消息、立正的知识"了。我是一个有悟性的人,经威逻辑教授这么一点拨,从此以后我就十分注意捕捉概念、命题、推理、论证以及逻辑方法中的常项、变项,自我感觉对威教授所讲的逻辑课很得真谛。

当然,威逻辑教授在绪论里绝没有愚蠢地去讲一大堆抽象的逻辑学原理或公式,她说:"如果对着刚刚接触逻辑课程的学子急于讲一堆抽象理论,那就会我'讲不清'同时你'听不懂',是出力不讨好。"而威教授的绪论,却能够把你们、我们、他们都巧妙地引进逻辑王国里去。因为威教授绪论里的逻辑王国,遍地是琳琅的逻辑法宝。这些法宝"可以帮助你提高思维的预见性、敏捷性、探究性";"可以帮助你提高表达的严密性、论证性、灵活性";"可以帮助你提高反驳的敏锐性、针对性、机智性"。对于这些法宝,她只娓娓动听地简析三则引例,就使你不得不对逻辑王国无限向往。

在威教授的逻辑绪论里,福尔摩斯、诸葛亮等人就是曾经获得了逻辑法宝,具有了"思维的预见性、敏捷性、探究性"。记得她在我们班讲的是柯南道尔《福尔摩斯探案集·三桅帆船》中的推断:

自视颇高的化学系大学生小弗朗士多次回家对其父说:"我们班的福尔摩斯真了不起,他不但化学成绩棒,而且自学了逻辑推理,什么难事在他那里三下五除二就推断出来,大家都佩服他。我呢,简直就是崇拜他了!"同样自视颇高的老弗朗士,听见儿子破天荒地多次夸奖他人,就说"他居然值得你崇拜?那就让他来见见我,我倒要看看他有没有三头六臂"。有一天,小弗朗士就把同学福尔摩斯带到了老弗朗士面前。于是,老弗朗士和福尔摩斯有了一段对话:

"年轻人,听说你很会逻辑推理,就请你推断一下我吧!"

"老伯,我还没有学好,不过我试试。您年轻时喜欢拳击。"

"没错。你这是看见我的鼻子歪了一点儿才推断出来的吧?"

"不全是。老伯,因为有些人的鼻子天生就歪,不能只凭此断定。

我主要根据您的耳朵有撕裂后缝合的痕迹，这是拳击受伤的显著标记。"

"喔。就这些？你还能推断点什么？"

"您去过日本。"

"是的。"

"您做过采掘。"

"当然，我是挖金矿出身的。"

"您最近一年里有一种忧患和恐惧。"

"你怎么知道？一定是我儿子告诉你的。"

"爸爸，您冤枉我了。您一贯天不怕地不怕，我根本就不知道您还会恐惧，更甭说是在这一年里的忧患和恐惧了。"

"的确，近来我是有一些忧虑。这一年里，邻近的两个庄园主遇害，我不得不防。那么，年轻人，你凭什么说我最近一年里有一种忧患和恐惧。"

"老伯，您瞧，您的拐杖是今年初生产的，但是您却把拐杖头掏空灌上了很沉重的铅，使这个随身拐杖成了防身武器，如果没有受到威胁，何必自找麻烦呢？"

"这样一说，倒也言之成理。你再继续推断呀！"

"老伯，您曾经与某个人有生死不渝的感情，但是不知何故，您后来却要把他从您的记忆里彻底抹去，那人的名字缩写是 J.A。"

听到这话，老弗朗士突然瞪大了眼睛，颤抖地指着福尔摩斯说"年轻人，你太可怕了，你还有什么不知道的呢？"然后就昏迷过去了。

……

还记得吗？讲到这里，同学们都觉得太夸张，一片嘘嘘声。接着，威逻辑教授概括地讲了：J.A 是老弗朗士的一段隐私和罪恶，老弗朗士年轻时和 J.A 在新西兰挖金矿，两人结成生死之交，各自都把对方的名字缩写纹在自己的手臂上。后来，两人合伙打死了金矿主，盗取了大量黄金，租了一艘三桅帆船逃往日本。帆船进入日本海时，老弗朗士起了独吞黄金的歹心，把 J.A 打昏了扔进大海喂鲨鱼，自己则驾船去到日本，发了大横财。以后，他改名换姓，从日本辗转欧洲，最后在英国的沼泽地带成为大庄园主。30 年过去了，没想到当年被老弗朗士扔进大海的 J.A 却复仇追踪到了沼泽地。原来,J.A并没有死,鲨鱼吃了他的一条腿,而日本渔民则救了他的一条命。J.A几十年来都在追踪狡猾的老弗朗士,一年前追到了沼泽地,可惜误伤了另外两个庄园主。案件的结局,是福尔摩斯捕获了木腿人J.A,并从J.A口中知道了上面述及的一段隐私。

讲完案情后,威逻辑教授引导同学们思考:福尔摩斯在谈话中怎么会无意中触及了老弗朗士的隐私呢?那是福尔摩斯观察到老弗朗士多次不经意地露出了手臂上的一块墨迹。福尔摩斯为什么断定老弗朗士曾经有一个生死之交呢?因为福尔摩斯从那墨迹中依稀可以分辨出J.A两个字母,而那明显是其他人的姓氏。既然能把别人的名字缩写纹在自己身体上,可见与彼人的交情非同小可;福尔摩斯为什么说老弗朗士后来要把生死之交从记忆中彻底抹掉呢?因为老弗朗士已经用墨迹把纹痕遮盖了。那可以据此推断,由于后来有过突发性的巨大变化,使得老弗朗士决心要把彼人J.A从自己的生活和记忆中彻底抹去。威逻辑教授特别指出的是,福尔摩斯的推断乍看起来很神秘,其实完全是建立在细致的观察与认真的思考基础上。当然,经过威逻辑的一番提示与分析,我们也渐渐能够接受案例中的推断了。

听学兄学弟们说,威逻辑教授每次绪论用的例析都不尽相同,比如福尔摩斯在《希腊译员》中与其兄的对话推断、福尔摩斯在《四签名》、《血字的研究》、《巴斯克维尔庄园的猎犬》等大疑案中的逻辑推断、诸葛亮的空城计、草船借箭等,以及"三年早知道"、"王戎预知李苦",等等,但在揭示福尔摩斯或诸葛亮或其他人成功预见性的奥秘时,威逻辑教授所强调的思考重点却都是共同的——他们善于考察事物及事理之间的逻辑联系。

威逻辑教授强调,认真观察或资料积累是获得事物或事理真知的第一步,但观察必须要与思考紧密结合起来,才能获得知识并进而提高能力和形成智慧,因为观察可以获得材料、证据,思考可以获得事物的联系和实质。良好的思维习惯是:在观察时不忘思考,在思考时不忘观察。但是必须明白,观察和思考虽然都是获得知识和智慧的必要条件,但二者并非完全平起平坐,而是观察为基础,思考为主导。思考可以指导观察,而逻辑可以帮助思考,当然也就间接帮助人们观察。逻辑帮助人们思考,是通过提供规范的逻辑结构和快捷的逻辑思路。所以,人们在进行有效性思考时是一刻也离不开逻辑的,只是自觉或者不自觉地用而已。

在威教授的逻辑绪论里，逻辑学又是"可以帮助你提高表达的严密性、论证性、灵活性"的法宝。记得上我们的绪论课时，威教授先援引了斯大林感受列宁演说的逻辑严密性和论证性是"如万能的钳子，把听众从四面八方钳住，你不是佩服得五体投地，就是不得不缴械投降"，接着用实例也让我们感受到了严密性和论证性的逻辑魅力：

在某卫国战争中，某地的自愿入伍者起初很少，一个略通逻辑学的人帮忙写了一份征兵告示，论证说明"应征当兵的死亡危险与在家躺着差不多"。论证用层次连锁式递进推演：应征当兵有两种可能——参战或者不参战，不参战不必讨论死亡；说到参战，同样有两种可能——上前线或者不上前线，不上前线不必讨论死亡；说到上前线，又有两种可能——负伤或者不负伤。不负伤不必讨论死亡；说到负伤，也有两种可能——轻伤或者重伤，轻伤不必讨论死亡；说到重伤，还有两种可能——死亡或者不死亡，不死亡自然不必说；现在来讨论死亡——其实你即使不参战而整天躺在床上，最终也必然会死亡；既然最终结果都是死，为什么要害怕应征当兵呢？据说，该征兵告示果然唤来了不少应征者。

威教授又由上例引出，其实，我国《史记·陈涉世家》中所写的陈涉起义时的动员令比上述告示更精练、更精彩，只用了15个字："今亡（逃亡）亦死，举大计亦死，等死（同样是死），死国可乎？"威逻辑教授还点明，陈涉的动员令使用的是一个二难推理简单构成式，你们以后会学到的。这当然更使我们这些初触逻辑学大门的学子无比向往逻辑王国的种种瑰宝，巴望着马上成为逻辑王国的淘金者。

威逻辑教授又建议我们下课后去读读无产阶级革命导师的名篇、世界著名的三大演说辞等。我在遵命去读莎士比亚《裘里斯·恺撒》中的玛可·安东尼演说辞时，真是大开了眼界，从此就对逻辑学着了魔，读完威逻辑的硕士又考上了逻辑学博士。

我还记得，在威教授的逻辑绪论里，逻辑王国的瑰宝还可以"帮助你提高反驳的敏感性、针对性、机智性"。比如阿凡提、晏婴等就曾经得到过这些逻辑法宝。威逻辑教授所条分缕析的"晏婴出使楚国，三驳楚王"言犹在耳自不必说，她讲阿凡提精彩反驳时的那种举重若轻的自信，那种让我们

笑得几乎被口水噎着,而她却镇静自如的神态,实在无法忘记。她先叙述:

  有一次,财主拿一个酒壶对阿凡提说:"阿凡提,都说你聪明,你帮我打壶酒吧。"阿凡提接过酒壶说:"可以啊。"可是等了半天,财主却再没有别的动作了。阿凡提就问:"老爷,打酒的钱呢?"财主说:"嗨,拿钱打酒谁不会呀?要不拿钱打到酒才是聪明呢。"阿凡提只好走了。一会儿回来了,把酒壶递给财主。财主半天也没喝到一口酒,就说:"你打的酒呢?"阿凡提说:"对着有酒的壶喝到酒谁不会呀?要从没有酒的壶里喝到酒,才是聪明呢!"

  接着她分析:阿凡提的反驳使用的是最有杀伤力的"以其人之道还治其人之身",抓"其人之道",可以抓其思路、或抓其结构、或抓其语式、或抓其关键词,等等,但是你必须能够在逻辑层面发现其谬误,才能迅速找到"其人之道",进而才能机智地反驳。然后,为讲清楚怎样把握逻辑层面,威逻辑教授就图示其"话语表达四层面"说了。

  她先板书了关于"苹果"的10种说法,然后就让我们思考哪些能够成立,哪些不能够成立。

1 苹果有16画 —— **语言层**
2 苹果是双音节
  这是把"苹果"看做字样,1是对该字形笔画而言;2是对于该语词的读音而言。

3 苹果是正概念 —— **逻辑层**
4 苹果不能做关系项
  这是把"苹果"看做概念,3是对该概念的逻辑归类而言;4是对该概念的逻辑功能而言。

5 苹果属于花红科 —— **学科层**
6 苹果有很高的营养价值
  这是把"苹果"看做具体学科的对象范畴,5是植物学科对苹果的归类;6是营养学科对苹果的价值判定。

7 苹果丰收了 —— **客观存在层**
8 苹果1公斤只卖5元
  这是把"苹果"看做客观存在的实物,7是对果园的苹果而言;8是对市场的苹果而言。

9 苹果不可以吃 ——— 在语言层、逻辑层、学科层都成立
10 苹果无色又无味 ——— 但在"客观存在层"却不能成立

因为作为字样、作为概念、作为范畴的苹果，是无法吃，人们也不会去吃的；但是，作为客观实物的苹果却是很可口的，否则，还有谁会去种苹果或者买苹果呢？

威逻辑教授还进一步启发我们，既然任何话语至少包含四个层面，那么我们在使用或者分析话语时就应该充分考虑其各个层面，即审视其真实性（从是否符合"客观存在"的层面看）、科学性（从是否符合"具体学科"的层面看）、逻辑性（从是否符合"逻辑规范"的层面看）、语效性（从是否符合语言及修辞规范的"语用学"层面看）。她还说，批判性思维的核心是敢于质疑和善于评估，正确的评估就需要有正确的评估标准，知道话语的多层面，就对任何话语各个层面的评估有了正确的快捷思路。

在以后的教学中，威逻辑就常常带领我们在这四个层面之间机智转换，自由驰骋。而我从此以后也就明白了——时尚流行的"脑筋急转弯"，原来就是在话语含义的四个层面随机转换。威逻辑还启发我们，对任何语词、语句都能够从多个层面做答，那就可以做出一题多解。

例如："从北京到莫斯科有多远？"

回答（1）："有 2 毫米（在语言层作答。因为字样'北京'与字样'莫斯科'之间隔了'到'字这个 2 毫米宽的字样）。"

回答（2）："谈不上有距离，它们是同类概念（在逻辑层面作答，二者都是单独概念、正概念、实体概念）。"

回答（3）："有 10 厘米（在地理学科层面作答，指在 1∶6 千万的地图上）。"

回答（4）："有 6000 多公里（在客观存在层作答，指两个城市之间的实际距离）。"

回答（5）："有 20 多公里（在修辞的幽默角度作答，先说零头数，后说大整数即说成'20 多 6000 公里'）。"

听到这里，你肯定会从理性上悟出那些"读完清华大学本科只要 3 秒钟"之类机智回答的奥妙所在了。

当然，威逻辑教授更注重强调的是逻辑层面。她指出，我们学习的是

逻辑学课程,而研究思维结构的<u>逻辑层面</u>在上述的四个层面中处于特殊地位,它对于<u>学科层</u>、<u>客观存在层</u>而言,是属于思维的形式部分,而对于语言层而言,却是语言外壳的内容了。譬如,客观存在层的"事物"、"事件"、"事理"、"关系"等实有,反映在学科层是一些"范畴"、"术语",这都是体现为思维和认识的内容方面;而各个学科的"范畴"、"术语",在逻辑层面都表现为"概念","概念"作为思维的结构,它属于认识和思维的形式,但"概念的内涵",在语言层面则表现为相应的"语词的含义",那么,比较起思维最外层的语言形式,则为语词的内容了。因为语词的三要素是形、音、义。形、音为语词的形式,"义(含义)"则为语词的内容,而概念的内涵正是与语词的内容即与"含义"接轨,故概念就当然属于语词和短语的内容方面了。同理可推,逻辑学中的命题、推理等思维形式,都与客观存在层、学科层、语言层的相关部分有一一对应关系,而且都体现为既是客观存在层和学科层的思维形式又是语言层的思维内容。这就使得逻辑在思维和表达中都具有一定的规范和制约作用,所以,掌握了逻辑学,就能够促进思维能力和表达能力的发展和提高。于是乎,我们顺理成章地领悟到,如果要想提高自己的思维能力、或提高表达能力、或提高反驳能力,或者几种能力都想提高,那么,我们怎能够拒绝学习逻辑学,怎能够不跟着威逻辑教授赶快跑进逻辑王国去寻找瑰宝呢?

绪论讲到尾声时,威逻辑告诉我们:"据传说,古希腊有个俗成的约定,只有那些有杰出贡献的自然科学家,才允许研究哲学;而只有那些又聪明又高贵的哲学家,才允许去研究逻辑学。根据这样的前提可以推演出:如果你们生在古希腊,你们就是一些又聪明又高贵的哲学家了,因为你们已经走进了学习和研究逻辑学的队伍。马克思也曾经说过:'有幸能够从事理论研究的人,他们的命运是令人羡慕的',因此,同学们要怀着一种愉快感、幸运感、自豪感进入本课程的学习!"

威逻辑那抑扬顿挫的话音刚落,教室里立即爆发出一片热烈的掌声。

看来,同学们和我一样,都已心照不宣地共同感受到了:"这是我们所听到过的最精彩的绪论课!"

§2 威教授"概念"皇冠山

(弟子 B 的来稿)

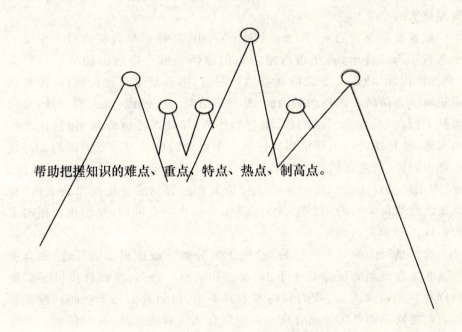

帮助把握知识的难点、重点、特点、热点、制高点。

威教授讲逻辑与众不同,她会千方百计帮助学生把握知识的难点、重点、特点、制高点。她总是按照不同的学生对象,把教材内容重新组装成为一个个逻辑知识的小系统,它称之为"逻辑山头",每个小系统的关键性知识,就是该逻辑山头的山顶,她称之为该"逻辑山头"的知识制高点,然后就带领学生们依次攻打这些"逻辑山头"。

攻打"逻辑山头"是很愉快的,用威逻辑教授的话说,我们在攻打的过程中就是在"进行快乐的思考,享受思考的快乐"。

我清楚记得,威教授说,对于概念,传统逻辑主要是研究其外延,由于概念外延在逻辑学科里的重要地位,故传统逻辑又称为"外延逻辑"。威逻辑把传统逻辑的"概念部分"知识形象地比喻成为一座皇冠山,戏说皇冠山顶的6个山峰就好比概念外延之间的6种关系,即全同关系、真包含关系、真包含于关系、交叉关系、矛盾关系、对立关系;而明确概念的6种逻辑方法(定义、划分、概括、限制、列举、举例)就是皇冠上面的明珠。于是,我们这些弟子进入逻辑王国之后,所攻打的第一座逻辑山头就是皇冠山。想起威教授是那么满怀激情地把那些枯燥的逻辑讲得那样有生气、那样精彩,真是莫大的享受!

威教授带领我们从"什么是概念?"入山,巧妙引导我们攻打一个又一个逻辑知识的台阶,直至攻占皇冠山的逻辑顶峰。皇冠山的第一台阶是"概念的内涵、外延",学之前我虽然预习过,但总是觉得比较模糊,没想到威逻辑三言两语就把概念的内涵、外延讲清楚了。她说,概念的内涵,是回答某个概念"是什么?"的问题,概念的外延,却是回答该概念"包括什么?"的问题,并且强调这也就是判别任何一个概念的内涵与外延的诀窍。经她这样一点拨,果然我们马上就能区分"麻纺织品、毛纺织品、棉纺织品、绫、罗、绸、缎"是概念纺织品的外延;而"研究自然界发展变化规律的学科"则是概念自然科学的内涵。能够立竿见影地解决一点问题,显然很快提高了我们这些初学者的兴趣。

攻打皇冠山的第三个台阶是"概念的分类",威逻辑提前预告:集合概念与非集合概念的区分是个重点、难点和热点。然而,在威教授讲了逻辑原理和判别诀窍之后,我们觉得难点并不难,因为我们马上就能轻松操作了。威逻辑那随机区分集合概念与非集合概念的诀窍是:面对任何一个需要判别集合义或非集合义的概念,关键是看其能否分拆、分指,即能否在概念前加"每个""其中一个""对于某个""某些""某类"等;凡是分拆、分指之后仍然能够成立的,就是非集合概念,反之,不能分拆、分指的,则必定是集合概念。按照威逻辑提示的方法,大家刹那间就都能准确无误地具体判别每句话中哪个语词表达了集合概念,哪个语词表达了非集合概念。比如在"人是宇宙的精华,万物的灵长"中,人是集合概念,因为此处的人不能够分拆、分指,即并非"每个人"是宇宙的精华,万物的灵长,而是人类这个物种的群体才是宇宙的精华,万物的灵长;但是在"人是会死的。"语句中,人这个语词则是表达非集合概念了,因为此处的人这个概念能够分拆、分指,亦即"任何一个"人都是会死亡的。接下来,威逻辑教授检测我们对下列句子中划线概念的判别:"书是聪明人的朋友"与"书是印刷品","电影不是三年五载看得完的"与"《红高粱》是一部好电影","顾客是上帝"与"凡是老顾客优惠5%",大家争先恐后地回答,都能正确判别出每组中的第一个划线概念是集合概念,而第二个划线概念则是非集合概念。你瞧,一个常常引起争论的热点性难点,就这样轻而易举地被攻破了。

至于攻打到概念外延之间关系这一象征性山顶时,威逻辑更是出手不凡。她只用了两个大表格,相继对概念外延之间的关系和明确概念的逻辑方法各进行一番全方位的比较,就把概念外延之间的6种关系和明确概念的4种逻辑方法展示得清清楚楚,我至今还完整保留着粘贴有这两份表格的笔记呢。不信你看下面的表格(表一,表二)。

如表一、表二所见,威教授讲逻辑就是这样善于比较,而且常常是用她自己巧妙设计的表格进行多角度的多项比较,使我们在比较中事半功倍地就同时掌握了几方面知识。你知道,威逻辑是最早使用多媒体课件教学的教授,在上个世纪末就带我们到多媒体教室上逻辑课了。上面的表格,就是第一次在多媒体显示屏幕上展示的,那天,我们第一次在课堂上接触到了用多种色彩分别表示不同强调点的多媒体动态性表格,那份新鲜感至今还呼之即来。我清楚记得,那是1999年12月31日星期五第三、四节课,是周末、月末、岁末,也是20世纪末的最后两节课,而我们却接触到了新世纪才逐渐铺开的多媒体课件教学。那天,我在下课后还舍不得离开多媒体教室,要求威逻辑让我把当天讲的"表一"规范地记下来,可威逻辑爽朗地说:"用不着费力画表了,我把表格发到你的电子信箱吧。"果然,在本世纪的第一天早晨,我就在自己的邮箱见到了这两个表格。原来威逻辑把下周要讲的"表二"也一起给我发过来了。

那时候,我们曾不止一次地对那些从不使用表格法的老师们感到深深的遗憾,其实很多知识之间都可以进行比较,可以比较出"同中之异",也可以比较出"异中之同",我们从威逻辑教授那里学习到的表格比较方法,那时就常常用来梳理其他课程的知识,尤其是在期末考试前的复习,更是有力武器,往往用几个大表,就可以把一门课程的主要内容囊括起来,各学科知识内部种种横的联系或纵的区别,皆各就各位,一目了然。

那时候,你不是常常嫉妒我,说我在每次考试前都把小师弟和小师妹们吸引到我身边吗?其实,那就是因为我列出的复习表格很有概括力,许多知识点在表格上都一目了然,他们是找我取经来了。我有自知之明,知道并不是我有魅力,而是逻辑表格有吸引力。

　　直到如今,我都常常采用表格比较方法,连我们的陈博导都说这是个很好的思维习惯。可见,威教授的逻辑比较方法,真可以供我们受用终生。我衷心地感激威逻辑教授!

表一　概念外延之间的 6 种关系比较

关系名称 比较项目	相容关系			不相容关系		
	全同关系	属种关系		交叉关系	矛盾关系	反对关系 （对立关系）	并列关系

| | | 属种关系
（属—种）
真包含关系 | 种属关系
（种—属）
真包含于关系 | | | | |

| 含义
（附例子） | A、B 两概念的外延完全相同，彼此重合。
例如：
A 春城
B 云南省省会 | A、B 两概念的外延的外延的外延的大于B，并且 B 的外延仅仅是 A 的一个小类（或分子）。
例如：
A 学生
B 大学生 | A 叫做种概念，B 叫做属概念。A 对于 B，是"种对属"关系，又叫真包含于关系 | A、B 两概念的外延仅有一部分重合，此外又各自独立部分。
例如：
A 教师
B 青年 | A、B 两概念的外延毫不相同，但 A、B 的外延之和等于其属概念外延 H。
例如：
A 男青年
B 女青年 | A、B 两概念的外延毫不相同，但 A、B 的外延之和小于其属概念外延 H。
例如：
A 中学生
B 小学生 | A、B、C 等多个概念的外延毫不相同，但 A、B、C 等的外延之和小于或等于其属概念外延 H。
例如：
A 红
B 黄
C 蓝 |
| 欧拉图解 | （A、B 重合圆） | （B 在 A 内） | （B 在 A 内） | （A、B 相交） | （A、B 在 H 内，填满） | （A、B 在 H 内，未填满） | （A、B、C 在 H 内） |

19

（续表）

比较项目 \ 关系名称	相容关系				不相容关系		
	全同关系	属种关系 (属—种) 真包含关系	(种—属) 真包含于关系	交叉关系	矛盾关系	反对关系 (对立关系)	并列关系
特征	内涵：$A \neq B$ $B \neq A$ 外延：$A = B$ $B = A$	内涵：$A < B$ $B > A$ 外延：$A > B$ $B < A$		内涵与外延 交合部分 $A = B$ $B = A$; 分离部分 $A \neq B$ $B \neq A$	内涵与外延 均为：$A \neq B$ $B \neq A$ $A + B = H$	内涵与外延 均为：$A \neq B$ $B \neq A$ $A + B < H$	内涵与外延 均符：$A \neq B$ $B \neq C$ $C \neq A$ $A + B + C \leq H$
判别依据	凡全同关系均为A就是B，B就是A。	凡属种关系符合：所有的B是A；有的A不是B		凡交叉关系均为有的A是B，有的A不是B，有的B不是A	凡矛盾关系均符合：A、B之间插不进第三者	凡反对关系均符合：A、B之间插得进第三者	凡并列关系均符：在三者以上考察的
辨析	全同关系≠同义词，前者内涵不同，外延相同；后者内涵外延都同	属种关系≠整体与部分关系（非集合的关系；前者是类与分子或类与其种的关系；后者是集合体与其部分之间的关系		注意与属种关系相区别	注意与对立关系相区别	注意与矛盾关系相区别	注意与交叉关系相区别

表二 明确概念的4种逻辑方法比较

方法名称＼比较项目	定 义	划 分	概 括	限 制
含义	借助一个熟悉的概念Dp来明确概念Ds的内涵的逻辑方法。	通过把概念H分成其全部小类或部分外延的逻辑方法，以明确H的全部外延的逻辑方法。	通过把某个概念A推演到其属概念H，以明确A的归属的逻辑方法。	通过概念H推演到其一个种概念A，以明确H的一个小类（或分子）的逻辑方法。
例子	市场经济(Ds)是依靠市场供求关系来调节生产各环节的经济方式(Dp)。 大学生(Ds)是正在接受高等教育的学生(Dp)。	经济方式(H)可以分为现代经济方式(A)和非现代经济方式(非A)。 经济方式包括：A小学生，B中学生，C大学生，D研究生。	经济方式(A)是社会方式(H) 英雄(A)也是人(H)。 博士生(A)仍然是学生(H)	经济方式(H)中的自然经济(A) 学生干部(H)是学生班长(A)，更应该带头遵守校规了。 H→A
结构	Ds是Dp。 (Ds叫"被定义项"；Dp叫"定义项"；是叫"联结项")	H { A, 非A 或 H { A, B, C (H叫母项；A与非A，B，C叫子项；H分成小类的根据叫划分标准。)	A→H (A是H的种概念，H是A的属概念，H推演到A的过程是概括过程。)	H→A (H是A的种概念，A是H的属概念，H推演到A的过程就是限制过程。)

（续表）

比较项目＼方法名称	定 义	划 分	概 括	限 制
分类	科学（实质）定义 语词（内涵）定义	一次划分 连续划分	一次概括 连续概括	一次限制 连续限制
方法	属＋种差（得出定义项）	属（母项）＝种＋种（全部子项）	种＋种差（推出 A 的归属）	属＋种差（推出 H 的一个特定对象）
规则	1. Ds 与 Dp 外延必须是全同关系。 2. Dp 不得包含 Ds。 3. Dp 不得使用含混语词或比喻或负概念。	1. 母项＝子＋子。 2. 子、子相排斥。	1. 根据需要。 2. 注意敛限（哲学范畴）。	1. 根据需要。 2. 注意敛限（单独概念）。
违规错误	违"1"规犯"定义过宽"或"定义过窄"错误。 违"2"规犯"循环定义"或"同语反复"错误。 违"3"规犯"比喻代定义"或者"负概念下定义"错误。	违"1"规犯"划分不全"或"多出子项"错误。 违"2"规犯"子项相容"或"划分标准不一"错误。	违"1"规犯"缺少概括"或"多余概括"错误。 违"2"规犯"概括不当"错误。	违"1"规犯"缺少限制"或"多余限制"错误。 违"2"规犯"限制不当"错误。

§3 威教授"直言"逻辑阵

(弟子C的来稿)

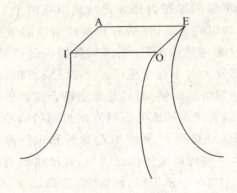

威教授讲的逻辑方阵更是精彩。

她把直言命题这一部分的知识形象化为一座四方台形的平顶山,说山顶的正方形就是同素材直言命题之间的真值联系,即通常所说的逻辑方阵。她说,逻辑方阵是直言命题这一部分的知识制高点,也是传统逻辑学科系统中的知识枢纽之一。并告诉我们,攻打这座逻辑山头的沿途还有一片地雷区,即直言命题的周延性问题,要我们细心前行。有了这个提示,同学们的学习就主动多了。

威逻辑教授带领我们从"什么是命题"起步去攻打逻辑方阵。她一路很注意提醒我们哪些是难点或重点。并在难点或重点或难、重兼具的知识点进行"一分钟强化训练",与同学们进行对话式互动交流,帮助我们巩固知识以及把知识迅速转化为能力。

想起那一节课的"一分钟强化训练"之热闹,简直可以用"笑得人仰马翻"来形容。威逻辑说,"直言命题的结构、直言命题的分类及其代号A、E、I、O的转换,不是难点但却是两个重点","直言命题的周延性则既是难点又是重点",于是要我们与她一起进行 A、E、I、O 与其相对应的中文名称的互译,即当她说 A、E、I、O 时,我们必须迅速翻译成该代号相对应的中文名称,或者反之,但绝不能与她重复。开始时,同学们还能较清醒地翻译,随着威逻辑越来越快的节奏,同学们失控地与威逻辑重复:"全肯(全称肯定命题)"——"全肯";"特否(特称否定命题)"——"特否";"E"——"E";"O"——"O"……同学们一方面高声对答,一方面出声嘲笑自己或同窗的失误,一时间男生女生都笑得前仰后合,课堂腾起的声浪冲窗而出……

　　威教授的逻辑课历来都是最受欢迎的,同学们根本舍不得缺课,即使生病或者有事都要尽量听了逻辑课才走。其中有两个原因:原因之一,是她常常结合关键性知识的训练,创造有利条件引导同学们进行"快乐的思考",让同学们享受"思考的快乐"。威逻辑教授说过:"教师要是一节课不让学生们笑一笑,那就太对不起学生了。"当然,威逻辑教授的逻辑课让我们笑,绝对不靠那些庸俗的搞笑,而总是紧密结合逻辑思维,使我们在领悟智慧后发出会心的微笑或在训练失误时发出自嘲的哈哈大笑。原因之二,是威教授的逻辑课信息量很大,她常常把课程知识往深处开掘、往广处开拓,又常常教给学生一些理解或操作的诀窍,若缺席她的一节课,自己在下面是很难补起来的。我至今还记得,她讲"直言命题主、谓项的周延性"时所教给我们的"黄金10字"——"特主","肯谓",不"周",其余都"周",即:除了"特称命题的主项"和"肯定命题的谓项"不周延,其余的主、谓项都周延。这是很具操作性的诀窍,我们拿着它,立刻就能随机判别任何一例直言命题主、谓项的周延状况了。

　　你看,传统逻辑的"周延性"那样一个难点,被她三下五除二就破解了。威逻辑教授说,这是一种效益很高的偏向记忆方法,可以把复杂的问题简单化,只需把问题分成"P"与"非P"两个方面,并记住"P"的相关特征,其余的就统统是"非P"的了。而在一般情况下,"P"的分量远比"非P"少,故记忆"P"当然比记忆"非P"容易得多。

　　威教授还说,学逻辑要用大逻辑的观念——不在于机械记忆逻辑的知识点,而要立足于进行思辨和分析的逻辑思维训练,进而养成良好的逻辑思维习惯。打从那时起,我就在其他课程的学习中也运用威逻辑的偏向记忆方法,甚至在记忆外语的单词、词法、句法时也如法炮制,比如记忆英语的虚拟语态,我就也炮制出"除了表示现时不存在的虚拟(如'if''wish''suppose')使用'were'之外,其余都可以用'be'"。说真的,威教授在教逻辑时给予我们的知识与思维启发,有许多都可以让我们受用终生。

逻辑时空 校园逻辑

最使我难忘的是攻打逻辑方阵,威逻辑教授先是渐进性展开讲解了命题的反对关系和矛盾关系,并且仅仅只利用这两种关系,就带领我们循着逻辑方阵中的上横边与对角线构成的"又"字形思路,知一推三地推演出了同素材 A、E、I、O 的逻辑真值。比如已知 A 真时,就可做如下的 3 步推演:

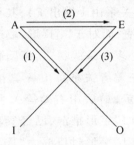

即:第(1)步,已知 A 真,根据矛盾关系"可以由真推假,也可以由假推真",就可以由 A 推知其矛盾命题 O 假;第(2)步,根据反对关系"可以由真推假,不可以由假推真。"可以推知 A 的反对命题 E 为假;第(3)步,由"E 为假"出发,再根据矛盾关系,就可以推知 E 的矛盾命题 I 为真。

在示范性推演之后,威逻辑引导我们看出了逻辑方阵中有四个"又"字形,除了上面推演使用的正"又"字形之外,还有利用下反对关系和矛盾关系构成的倒"又"字,以及利用差等关系和矛盾关系构成的左、右侧的两个"又"字。威逻辑还进一步启示我们:实际上只需要用 2—3 种对当关系就可以举一反三地推演出逻辑方阵中四个命题的真值。接着,威逻辑趁热打铁地引导我们观察逻辑方阵,寻找方阵中只凭借某三条线就能构成的简便推导(即只凭借三个线条引导思路,就可以把 A、E、I、O 的真值简便又快捷地推演出来)。威逻辑还提示:每个简便推演的图形,在逻辑方阵中其实都各有四个。一时间,同学们积极响应,先后看出了方阵中蕴藏着的许多字形或图形的简便推演,威逻辑肯定了可以利用"N"字形推演(推导方向是:先用左差等关系由 A 推出 I;再用矛盾关系由 A 推出 O;最后用右差等关系由 O 推出 E),可以看出逻辑方阵中有四个"N"字,其他三个"N"字形则根据各自所涉及的具体对当关系推演;威逻辑又肯定了可以用"Z"字形推演(推导方向是:先用反对关系由 A 推出 E;再用矛盾关系由 E 推出 I;最后用下反对关系由 I 推出 O),威逻辑指出,"Z"字形其实也就是旋转 180 度的"N"字形,故可以看做逻辑方阵中有四个"N"形或有四个"Z"形皆可;威逻辑还肯定了可以用"凵"字形推演(推导方向是:先用左差等关系由 A 推出 I;再用下反对关系由 I 推出 O;最后用右差等关系由 O 推出 E),其他三个"凵"字形则根据各自所涉及的具体对当关系进行推演;威逻辑也肯定了射箭形"匕"的推演(推导方向是:先用左差等关系由 A 推出 I;再用下反对关系由 I 推出 O;最后用矛盾关系由 I 推出 E),其他三个"匕"形则根据各自所涉及的具体对当关系推演;而对于"口"形,威逻辑教授指出,其实只需如"凵"形推演就足够了,不必多一条线封口,那反而会把已知条件都推翻了。例如当已知 A 真时,先由左差等关系可由 A 真推出 I 真,再用下反对关系可以由 I 真推出 O 真假不定,最后用右差等关系可以由 O 推出 E 真假不定,这时本来已经完成了"凵"字形推演,已经实现了"举一反三"的真值确认,若还要画蛇添足地把"凵"字形封口成为"口"形,那么就势必根据反对关系,反而把已知条件就确知的 A 真推演成为 A"真假不定"了;对于"×"形,威逻辑则分析指出,其需要两个已知条件才能进行推演,只能说是"举二反二",算不上"举一反三"的简便推演。

经过威逻辑教授这一点评,同学们推演逻辑方阵的兴趣被鼓动起来了;都想尝试继续发现逻辑方阵中其他字形或图形的简便推演。威逻辑也就顺势带领大家把枯燥的对当关系全部攻打下来。其实,威逻辑教授只用下面的一个表格就把直言命题的对当关系及其真值推演统统囊括进来了:

命题之间对当关系的逻辑特征比较

比较项目 \ 关系名称	反对关系 例如：同素材 A 与 E	矛盾关系 例如：同素材 A 与 O,E 与 I	下反对关系 例如：同素材 I 与 O	差等关系 例如：同素材 A 与 I,E 与 O
真值联系特征	可一真一假，可以同假，不可以同真。	只能一真一假，不可以同真，不可以同假。	可一真一假，可以同真，不可以同假。	可一真一假，可以同真，可以同假。
真值域	真:至多1真 至少0真。 假:至多2假 至少1假。	真:至多至少1真。 假:至多至少1假。	真:至多2真 至少1真。 假:至多1假 至少0假。	真:至多2真 至少0真。 假:至多2假 至少0假。
真值推演方向	已知一真可以推知另一必假；已知一假，只能推知另一可真可假。即：已知 A(E) 真可以推知 E(A) 必假；已知 A(E) 假，只能推知 E(A) 可真可假。	已知一真可以推知另一必假；已知一假可以推知另一必真。即：已知 A(E) 真可以推知 O(I) 必假；已知 A(E) 假，可以推知 O(I) 必然真。	已知一假可推知另一必真；已知一真，只能推知另一可真可假。即：已知 I(O) 假可以推知 O(I) 必真；已知 I(O) 真，只能推知 O(I) 可真可假。	上真,下必真；下假,上必假；上假,下可真可假；下真,上可真可假。即：已知 A(E) 真可推 I(O) 真；已知 A(E) 假,只能推 I(O) 可真可假；已知 I(O) 假可推 A(E) 必假；已知 I(O) 真,只能推 A(E) 可真可假。
＊快餐记忆	可以由真推定假,不可由假推定真。	可以由真推定假,也可由假推定真。	可以由假推定真,不可由真推定假。	上推下可以推真,不可假推假；下推上可以假推假,不可真推真。

威逻辑说,上述命题之间的每一种对当关系,又可以直接称呼为"反对命题"、"矛盾命题"、"下反对命题"、"差等(蕴涵)命题"。

威逻辑还进一步启示我们,上述表格所揭示的命题之间的对当关系,已经穷尽了任意两个命题之间的真值关系,虽然表格上没有出现常说的"等值命题",但是等值命题不过是指两个彼此蕴涵的命题而已;即使面对任意的一个简单命题(无论是直言命题或者关系命题或者模态命题)与任意的一个复合命题(无论是合取命题还是析取命题或蕴涵命题或负命题),它们之间的真值关系也只可能是上述4种关系中必居其一(等值命题看做"彼此蕴涵"命题),只是在随机判定时需要具体分辨。

A君,还记得你的得意之作吗?你那时依据威逻辑的提示,把单称命题"这个S是P"、"这个S不是P"、"这个S是Q"、"这个S不是Q"组合成为一个逻辑方阵,开始时你是把"这个S是P"与"这个S不是P"处理成反对关系,而把"这个S是Q"与"这个S不是Q"处理成为下反对关系。那天,威逻辑大大褒奖了你的"发明",甚至极为夸张地说你发明了"A氏逻辑方阵"。当然,在褒奖你重大"发明"的同时,威逻辑随即又帮你纠正了错误,对你构建的方阵做了较大的调整:首先,是给你的P和Q做了严格限制,规定充当P与Q的两个概念的外延之间只允许是对立关系而不能是外延间的其他任何关系。威逻辑说:"在单称命题'这个S是(不是)P,与这个S是(不是)Q'组合成的方阵中,P与Q必须规定为对立概念,否则,就不能成立。至于理由,自己下去慢慢琢磨。"接着,威逻辑使"这个S是P"与"这个S不是P"调整成为"只能一真一假,不可以同真,不可以同假"的矛盾关系(逻辑方阵中为左上右下的对角线两端),同时把"这个S是Q"与"这个S不是Q"也调整为矛盾关系(逻辑方阵中为右上左下的对角线两端);这样一调整,新的逻辑方阵就把你所涉及命题的其他几种对当关系也一一对应上去了,即:"这个S是P"与"这个S是Q"为"可以一真一假,可以同假,不可以同真"的反对关系;"这个S是P"与"这个S不是Q"为"可以一真一假,可以同真,可以同假"的差等关系(逻辑方阵中左垂边的上下两端),而相应的"这个S是Q"与"这个S不是P"也为差等关系(逻辑方阵中右垂边的上下两端);剩下的"这个S不是Q"与"这个S不是P"就当然是"可以一真一假,可以同真,不可以同假"的下反对关系。于是,你的那么一个粗糙的"发明",就被威逻辑教授改造成为如下一个科学的新逻辑方

阵了:

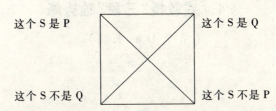

虽然你的"A氏逻辑方阵"是经过威逻辑的大手术才堵住了逻辑漏洞,但按照威逻辑的说法"你的逻辑思维、逻辑能力已开始显现出几丝逻辑智慧",所以,你的这点小发明还是很有保留价值的。而你呢,从此以后就更加迷恋逻辑学,直至读完了威逻辑教授的逻辑学硕士,又考上了沿海城市的某大学的逻辑学博士。

A君,饮水要思源,你可不能忘记了威教授对你的逻辑启蒙与精心栽培啊!

逻辑时空 | 校园逻辑

§4 威教授"三段"独秀峰

（弟子D的来稿）

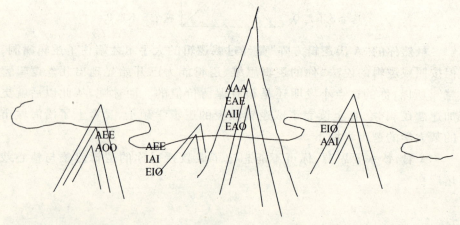

威逻辑教授讲的三段论真算得上是一枝独秀。

她把三段论的整个体系比喻成为一片风光旖旎的旅游胜地，三段论的四个格就是四座云遮雾绕的秀丽山峰，而作为完善格的第一格，则好比桂林的独秀峰，挺拔入云端。

威逻辑教授讲三段论的独到之处，集中体现在她对三段论的结构与规则的教学处理。下面就是她在课件中展示的教学标题：

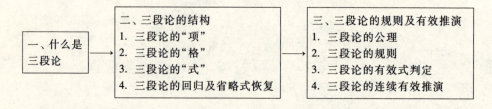

威逻辑教授从来不让我们死记硬背，而总是循循善诱地引导我们思考、理解。她说："只要思考透、理解深，就能记得牢。"她特别注意带领我们寻找"解决问题的突破口"，例如，她要求我们熟练掌握三段论的结构，就提示我们：分析三段论的结构要"从结论下手"。为了加深印象，她连问两次：

30

"分析三段论的结构从什么地方下手?"听到同学们异口同声的回答,威逻辑才引导我们:请"咬定青山不松口",永远记住——三段论结论的主项叫"小项",结论的谓项叫"大项",小项所在的前提是小前提,大项所在的前提叫大前提,前提中共同的项就是"中项"。接着,又很自然地由三段论的"中项位置变化"形成"格",讲清楚了三段论的四个格;并且演示把 A、E、I、O 分配进四个格,能形成三段论的 64 个式,讲清楚了三段论的 24 个有效式(包括弱式),还从有效式的结论讲清楚了各个格的特殊功能,说第一格是完善格,第二格是区别格,第三格是反驳格,并且说第四格的功能至今无定论,激励我们勇敢探索第四格的特殊功能,为逻辑学解除一大难题。还有,威逻辑教授也是抓住"中项"的换位,很轻松地讲清楚了三段论的回归;她又再次强调"分析三段论的结构要从结论下手",以实例分析,讲清楚了三段论省略式的恢复。

记得吗,我们曾经不止一次地感叹,威教授带领我们在逻辑王国里钻来钻去,是那么娴熟毫不费力,简直就像庖丁解牛那样:"恢恢乎,其游刃有余也。"那时候,大家不止一次地感叹:"听威逻辑的课是一种智慧享受!"是啊,她无论讲任何枯燥的内容,都能讲得引人入胜,那真是一种大本事。就说讲三段论的规则吧,她不是去论证三段论规则的合理性或具体演示规则的推导。她说:"那没有必要,因为我们的出发点是'已经认可了三段论规则的正确性',我们的目的是使用规则,绝不是想推翻规则,因此,用不着做重新论证的无用功。"威逻辑是从一个个违规的三段论切入,先昭示某违规三段论的荒谬,接着水到渠成地显示——为驱逐该类谬误所制定的规则是必不可少的。

想当年,她从"群众是真正的英雄,我是群众,所以,我是真正的英雄"之荒谬,引入了避免该谬误的规则"每个三段论只准有三个项"。她分析:该违规三段论中出现两次的"群众"是两个不同的概念,其大前提中的"群众"是集合概念,强调"群众"是群体、整体,而该小前提中的"群众",则是指群众的个体、分子,故该三段论多于三个项,犯"四概念"错误,是违规的、无效的。类似的错误还有"电影不是十年八年看得完的,《红河谷》是电影,所以,《红河谷》不是十年八年看得完的","顾客就是上帝,我是顾客,所以,我是上帝",等等。接着,她又列举了另外一些以同音词、同形词、多义词为中项的"四概念"错误,诸如"杜鹃会叫'行不得也哥哥',这朵花是杜鹃，所以，这朵花会叫'行不得也哥哥'"。——前一个"杜鹃"指鸟，后一个"杜鹃"指花，二者是同音词，语词形式虽然相同，但在逻辑层面上是含义不同的两个概念，所以，这个三段论也是犯了"四概念"错误。她还从另一方面演绎，说该规则同样能够驱逐类似"爸爸是爹爹，爹爹是父亲，所以，父亲是爸爸"这样的违规三段论——该三段论的"爸爸""爹爹""父亲"是同义词，它们语言层面上虽然是三个词，但在逻辑层面上只不过是内涵相同的同一个概念，只能算一个项，如果不驱逐这样的三段论，那么三段论就只能在原地转圈，不能帮助人们从已知王国走向未知王国了。当要讲规则"中项至少周延一次"时，她切入的错误三段论是"鸡有两只脚，人有两只脚，所以人是鸡"，引导同学们用她提供的判定周延与否的"黄金10字"去分析，中项"两只脚"在大小前提中都做肯定命题的谓项，一次也不周延，是违规的三段论。她还启发大家举出类似荒谬的例子，经她提示，大家纷纷举出"《三国演义》是书，《红楼梦》是书，所以，《红楼梦》是《三国演义》"，"张飞是武将，岳飞是武将，所以，岳飞是张飞"，"西施是人，王大麻子是人，所以，王大麻子是西施"。……

　　这样理论结合实例地一条条规则讲下去，大家对三段论规则的重要性、必要性都有了深刻的认识。威逻辑又趁热打铁推出了帮助记忆三段论规则的顺口溜：

　　　　要求"三项"就三项，
　　　　中项至少一"周"才成样，
　　　　小项、大项莫乱"周"，
　　　　"项"的规则握在掌。
　　　　"两否"休想得结论，
　　　　"两特"结局定同上，
　　　　前提一"否"结论否，
　　　　前提一"特"也一样。

　　顺口溜一出，每个同学都能领悟：第一句即指规则"每个三段论只准有三个项"，第二句即指规则"中项至少周延一次"，第三句即指规则"在前提中不周延的项在结论中也不得周延"至于"'项'的规则握在掌"一句，大家都能知道是对于前面三条关于大、中、小项相关规则的强调，因为威逻辑在讲规则时已经点破过。以下几句即依次是指规则"两个否定前提不能得出结论","两个特称前提不能得出结论","有个否定前提则结论必须否定","有个特称前提则结论必须特称"。

由于威逻辑讲三段论规则时的角度切入很别致,又编了那样的顺口溜做记忆拐杖,当堂课就帮助我们把三段论的规则轻轻松松地记牢了。我曾经把这个顺口溜告诉其他院校正在学逻辑的同学,他们都如获至宝,并且非常羡慕我们有个那么特别的逻辑老师。每逢我们上逻辑课时,不是常常有外人来挤着坐吗,那都是兄弟院校慕名而来的莘莘学子,为的就是享受一下威教授讲课的逻辑品位。

威逻辑教授不仅把三段论的结构和规则讲得那么轻松,更把三段论讲得那么活。我永远忘不了她带领我们从一个给定命题出发,就推演出来那么一大串意料不到的结论。

B君,你想得起来吗,威逻辑教授给出的第一个命题是"社会改革是千百万人的事业",然后就引导同学们依据三段论的"格"(她推荐先用第一格)先确定出中项,再运用三段论的规则进行有效推演。

威逻辑是那样得心应手地引导同学们,由添加一个个前提进行一长串三段论连续推演。下面就是当年我记录下来的集体推导:

(威逻辑给出的前提)社会改革是千百万人的事业,

(同学1添) 中国当前的经济改革是社会改革,

所以,中国当前的经济改革是千百万人的事业。(大家用第一格推演)

(同学2添) 国企改革是中国当前的经济改革,

所以,国企改革是千百万人的事业。(大家用第一格推演)

(同学3添) 贩毒不是千百万人的事业。(老师提示用第二格)

所以,贩毒不是国企改革。(大家转换为第二格推演)

(同学4添) 国企实行股份制是国企改革,

所以,国企实行股份制不是贩毒。(大家继续第二格推演)

(同学5添) 贩卖摇头丸是贩毒,

所以,贩卖摇头丸不是国企实行股份制。(大家再续第二格推演)

(同学6添) 贩卖摇头丸是犯法,(经提示转换为第三格推演)

所以,有的犯法不是国企实行股份制。

(威逻辑帮助)所以,有的犯法是非国企实行股份制。(经提示转换为换质法推演)

（同学 7 添） 犯法应受法律制裁，

所以，有的应受法律制裁的是非国企实行股份制。（经提示转换为第三格推演）

（同学 8 添） 非国企实行股份制是另类股份制，

所以，有的另类股份制是应受法律制裁的。（经提示转换为第四格推演）

（同学 9 添） 应受法律制裁的是违法的。

所以，有的违法的是另类股份制。（继续第四格推演）

（同学 10 添） 另类股份制是与国企实行股份制并存的，

所以，有的与国企实行股份制并存的是违法的。（再续第四格推演）

（同学 11 添） 违法的是不能做的。

所以，有的与国企实行股份制并存的是不能做的。（三续第四格推演）

（同学 12 添） 合法经营不是不能做的，

所以，有的与国企实行股份制并存的不是合法经营。（转换为第二格推演）

（同学 13 添） 与国企实行股份制并存的是客观存在，

所以，有的客观存在不是合法经营。（转换为第三格推演）

（同学 14 添） 客观存在是不以人的意志转移的，

所以，有的不以人的意志转移的不是合法经营。（继续第三格推演）

（同学 15 添） 纳税经营是合法经营，

所以，有的不以人的意志转移的不是纳税经营。（转换为第二格推演）

……

……

在这样接力赛式的推演中，同学们争先恐后地添加前提，推演越来越热闹。让大家都过了一把推理瘾。尤其是经过威逻辑的适时提示，同学们在三段论几个格之间的灵活转换推演，更觉得自己成了推理的主人，十分开心。

照威逻辑的说法，我们那天的集体推演，只要前提引进得恰当，推演又合乎逻辑规则，上述推演就可以一直进行下去，甚至可以进行到世界末日。

威逻辑还进一步点拨我们，每一步的推演虽然只前进一点点，但是最后一步的结果与第一个出发命题相比，已经大大拉开了认知距离，而且每一步推演结果所累积起来的知识是不断增多的,就是在这样不断的推演过程中,人们才能不断地从已知王国进入未知王国。这样的逻辑思维原理,普遍适用于人类的个体或群体的认知过程,我们每个人的知识学习和整个人类的知识积累,就是这样一点一点地推进,一步一步地提高的。她还画了个示意图:

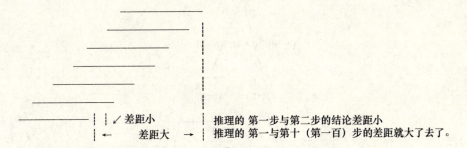

她帮助我们解读示意图的含义:推理的第 1 个前提与第 1 个结论的知识差距很小,但是第 1 个前提与第末个结论的知识差距就很大了。如若推理的前提越多,推理的过程越长,那么第 1 个前提与第末个结论的知识差距就更遥远了。这就能够解释,人们的学习在从幼年到成年的循序渐进中,就是这样日复一日地逐渐增加,比如,我们小学第一天学习到的知识,与大学毕业时的知识相比,那肯定是天壤之别,因为其间必然经历了无数个有效推理的漫长过程!

当时,我们都觉得茅塞顿开,心胸豁然开朗,对逻辑推理更有了一份亲切和感激。说真的,上威教授的逻辑课,每个学时都总会有一些让我们激动或感悟的信息,我们的思维能力和思维空间在不知不觉地拓展。我之所以有今天,与威逻辑教授的启迪是分不开的。

§5 威教授"二难"摩天岭

(弟子 E 的回忆)

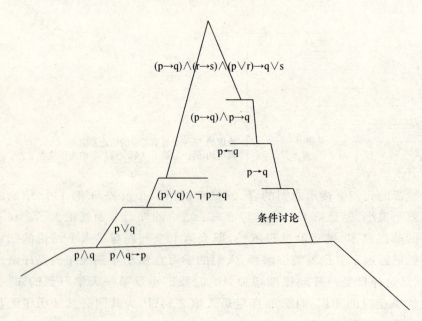

威教授带领我们攻打的最高逻辑山头要数二难推理了。威教授把这座逻辑山头比做摩天岭,而二难推理就是那摩天岭的峰巅。

课前我也曾听说过"二难推理"一词,但是不知其详。听威逻辑一讲,才知道"二难推理"的"二难",原来是指二难推理的特殊功能——能够使论敌陷入"左、右"两难或者"进、退"两难的境地;至于有的说法更增加为"三难推理"、"四难推理"、"六难推理"之类,乃是因其假言前提的数量增加命名的,本质上并没有改变二难推理能够"二难"的功能。听着威逻辑那样神采飞扬地历数二难推理的辉煌战果,真恨不能马上就掌握了二难推理,并也用它来二难一下论辩对手。但是,心急吃不成热豆腐,二难推理既然是摩天岭的峰巅,登上峰顶岂能够一蹴而就呢?威教授是从这座逻辑山头的山脚知识——复合命题,带领我们攀登摩天岭的。目标明确而又稳扎稳打地前进,是她讲课的风格,她总是先告诉我们每个小系统的知识制高点,让我们对每个小系统有整体的印象和最高目标的把握,而那些被她按照"事半功倍"效益原则整合起来的每个知识系统,其逻辑知识之间都有着环环紧扣的内在联系。攻打每一座逻辑山头,她都是带领我们从相关知识的最基础部分逐步行进。这样的教学程序,思路独特,使我们目标清楚又基础扎实。

威教授二难推理摩天岭的第一台阶,是讲解复合命题。我印象最深刻的是,她依次示范性地使用"偏向记忆法"。她称此方法为"一言以蔽之",即把每一类复合命题的真值表只用一句话就概括起来,这样,我们只要记住那一句话,就能准确地记住该命题的整个真值表了。我至今还清楚记得:合取命题(联言判断)的真值表一言以蔽之是:只有全部肢都真时才真,其余都假;相容析取命题(相容选言判断)的真值表与合取命题的真值表正好相反,其一言以蔽之是:只有全部肢都假时才假,其余都真;不相容析取命题(不相容选言判断)的真值表一言以蔽之是:只有在一肢真时才真,其余情况都假。在后来的学习中,威逻辑教授还启发我们运用她多次提倡和示范的"偏向记忆法",引导我们一言以蔽之地概括其他复合命题的真值表。你想起来没有,蕴涵命题即充分条件假言判断的真值表就是你一言以蔽之出来的:只有在前件真后件假时才假,其余都真;而反蕴涵命题即必要条件假言判断的真值表则是由小 D 一言以蔽之的:只有在前件假后件真时才假,其余都真;等值命题即充分必要条件假言判断的真值表却是换了好几个人才达到了"一言以蔽之":只有在同真同假时才真,其余都假。曾记否,那时我们对威逻辑教授的"偏向记忆法"简直着了魔,在别的课程学习中都想方设法地运用,有时也机械模仿得闹过笑话,但是威逻辑教授的"偏向记忆法"确实给我们带来了开启心智的钥匙,至今仍然受益多多。

我特别不能忘怀的是,威逻辑教授反复强调"逻辑学主要是研究关于推理的学说",而她讲每一类推理时,就总是紧跟着在讲了相应命题之后,马上趁热打铁地接着讲该类推理。比如摩天岭象征图所示意:一讲完合取命题的真值表,就马上接着讲联言推理;而一讲完相容析取命题的真值表,也就马上接着讲相容选言推理;其余的均按此类推。威逻辑教授还把这样紧凑的教学程序叫做"趁热打铁"。是的,无论是在每个知识小系统的内部组接,还是知识小系统之间的连接安排上,威逻辑都扣紧知识的内部逻辑联系,体现了她的趁热打铁"事半功倍"原则,而威逻辑的趁热打铁思路使我们既节省了时间,又提高了学习效益。假若死板地按照教材讲完概念才讲命题、讲完命题才讲推理的三大块顺序,那么等开始讲推理时,我们就已经把命题的逻辑特征忘记得差不多了。

在攀登二难推理摩天岭这个逻辑山头时,我受益最多的还是威逻辑教授讲的"条件讨论"那两节课。那是我终生难忘并且受益终生的两节课。现在翻开那时的笔记,威逻辑教授就出现在眼前,好像又听见了她娓娓动听的声音:

我们平常听过或说过很多条件,什么"物质条件"、"精神条件"、"内部条件"、"外部条件"、"有利条件"、"不利条件"、"重要条件"、"次要条件"、"主观条件"、"客观条件",等等。但是从逻辑学的角度看,所有的条件都可以归并为三类:充分条件、必要条件、充分必要条件。这三类条件能够解释一切事物的存在或者不存在的条件关系。我们要是能够掌握了并且能够驾驭住某个事物的这三类条件,那么我们就可以自由操纵该类事物的命运了。阿基米德之所以敢说"只要给我一个支点,我就可以撬动地球",就是因为他发现了杠杆定律,已经在理论上把握了撬动任何一个物体的必要条件、充分条件及充分必要条件。人类从必然王国走向自由王国的历程,也就是不断把握万事万物的逻辑条件的过程。一旦我们真正掌握了世间万事万物的必要条件、充分必要条件和充分条件(请注意,威逻辑对三类条件的这样排序有解释,她认为这三类条件的如此排序正是揭示它们的相互联系与转化,后面会详析),并且能够随心所欲地自由操纵这三类条件的形成与破坏,那么我们就已经能够随心所欲控制世间万事万物的发生或者不发生了。只不过,世间的万事万物是不断滋生和变化的,人们的认识永远不可能与万事万物的发展变化同步进行,因而"完全掌握世间万事万物的逻辑条件"在实践上不可能是一劳永逸的,而只是理论上的可能性。但是,人们完全可以对已经出现过的事物或将要出现的事物分析出其必要条件、充分必要条件和充分条件,只要对该事物三类逻辑条件都分析准确,并且能够自由操纵所需要的条件,那么人们也就能够自觉地控制该事物的产生或消亡,即能够随心所欲地制造或者避免该事物了。人们常说:"聪明人不是不犯错误,只是不重犯同样的错误",其实真正的"聪明人"不过就是能够把握所犯错误的必要条件,只要破坏曾犯错误的一个必要条件,该错误就一定不会出现,那当然也就可以避免该错误的再次发生了。威逻辑这样一说,我们似乎变得聪明起来,更渴望掌握三类逻辑条件了。威逻辑是从充分条件开始讨论。

所谓充分条件,就是当有了条件 p 时,就一定会有事物 q,但是,在没有条件 p 时,却不一定没有事物 q 的一类条件。为了加强印象,威逻辑故意夸张地说,充分条件是一种很可爱的条件,有了它这个 p,就能够 100%、1000‰ 的会带来你想要的东西 q;但是没有这个 p 时,你最想要的东西 q,则可能有也可能没有。这样的条件 p 就是 q 的充分条件。

例如(A 组例):

p		q
1. 考试得到了 72 分(百分制)	对于	考试及格
2. 50 平方米的教室里亮着 20 盏日光灯	对于	该教室明亮
3. 是中国的首都	对于	是中国的领土
4. 邓亚萍正在打乒乓球	对于	邓亚萍醒着
5. 今天是星期三	对于	今天不是星期四
6. 他是三好生	对于	他学习好
7. 他撬动了地球	对于	他本事大

上面每一例的条件 p,都是该例事物 q 的充分条件。

因为,每例中的 p 都必然能够得出该例的 q;但是,如果没有该例的 p,却并不一定没有该例的 q。在例 1 中,谁考试得到了 72 分,那么他的考试必然算是及格了;但是,他如果得到的不是 72 分,却不能说明他一定不及格,比如,他要是得到了 81 分或 93 分或 65 分之类时,那么他照样及格,当然,如果他得到的是 41 分或 38 分或 54 分之类,那就不及格了。同样的原理,在例 2 中,50 平方米的教室里亮着 20 盏日光灯时,那么该教室一定是明亮的,但是,如果该教室没有亮着 20 盏日光灯时,则该教室有两种可能性,一种可能性是"照样明亮"(譬如该教室改变为或者亮着 40 盏汽灯或者亮的是 2000 支蜡烛或者是无顶的露天教室遇上晴朗的白天),第二种可能性是"不明亮"(比如只亮了 1 盏日光灯或者只亮了 4 根蜡烛或根本没有任何光源)。

接下来,是威逻辑教授要我们自己分析各例中的 p 对于 q 的条件关系,即她常说的是练习"照葫芦画瓢"。这种时候,同学们总是思维兴奋,发言踊跃。小 A 是分析例 3——某个城市既然是中国的首都,那么它肯定是中国的领土,而某个地方不是中国的首都,却不一定不是中国的领土,比如,当着 p 是贵州时,虽然贵州不是中国的首都,却仍然是中国的领土,而当着 p 是巴黎时,巴黎不是中国的首都,而同时也不是中国的领土。其他几例的分析都顺理成章地进行,我最感兴趣的自然是例 7,就举手发表了对例 7 的分析——某人能够撬动地球,那么他的本事当然大了,但是,没有撬动地球的人,并非他就没有本事。威逻辑夸奖我的"并非……没有……"用得好,说是有点小小的创造,我当然满心欢喜。威逻辑历来都重视启发学生的创新思维,哪怕是一丁点新意或进步,她都及时给予充分鼓励,这也是我们都喜欢上她的课并且喜欢回答她提出的问题的一个重要原因。上她的课,你可以上得眼界开阔,可以上得信心十足。

威教授紧接着提高到理性认识层面剖析充分条件的实质:充分条件有时表现为某事物存在的一种充裕的条件,有时表现为使某事理能够成立的一种充足理由,有时表现为能够实现某个目标的一种途径或手段,有时表现为支持事物出现的一种原因。但是说到底,充分条件在因果关系中是那些"异因同果"现象之中的"异因"之一。也就是说,当我们说某事物可以"殊途同归"时,那么该事物的"殊途"之任何"一途",都是该事物的一个充分条件。威逻辑用箭头图简洁标示了充分条件 P_1,P_2,P_3 分别作为"异因同果" q 的"异因"之一:

讲到这里,我算是从理论上彻底弄清楚了充分条件,并且按照惯例期待着威逻辑教授指点我们怎样运用。果然不负所望,威逻辑教授告诉我们:充分条件是一种很助人成功的可爱条件,你期望什么东西出现,期望什么事情发生、期望什么目标实现,都只需要找到并且创造出其充分条件,你所心想之事物就一定会接踵而来。比方,你想要财富、友谊、爱情、健康、快乐、成功……哪怕是天上的月亮,你只要有本事分析准确并且创造出其充分条件,那么你就一定可以得到你想要的东西。因为充分条件是以其自身的存在必然引发相关事物一定出现的一种条件。我们平常说的"只要有 p,q 就好了","既然有 p,那一定会有 q"之类中的 p,就是指 p 是 q

的充分条件。

所谓必要条件,就是当没有条件 p 时,就一定不会有(是100%、1000‰的不会有)事物 q;但是,在有条件 p 时,却不一定有事物 q(或者说事物 q 可能有也可能没有)的一类条件,这样的 p 就是 q 的必要条件。

例如(B 组例):

   p   q

1. 学习好   对于   当上三好生
2. 空气   对于   人类生存
3. 时间   对于   进行学习(工作)
4. 做事努力   对于   事业成功
5. 生病   对于   发烧
6. 在案发现场   对于   是作案罪犯
7. 是大学生   对于   是师大生

上面每一例的 p 都是相应 q 的必要条件。

威逻辑指出,必要条件是事物存在的一种必不可少的条件或者必要证明。如果缺少了它,相关的事物就绝对不可能出现。在例 1 里,缺少了"学习好"这个必要条件,就不可能当上三好生;在例 2 里,缺少了"空气"这个必要条件,就绝对不会有人类的生存;在例 3 里,缺少了"时间"这个必要条件,就不可能进行任何学习(或工作);在例 4 里,缺少了"做事努力"这个必要条件,就不可能有事业的成功;在例 5 里,如果根本没有"生病",就不可能有发烧的症状;在例 6 里,缺少了"在案发现场"这个必要条件,就不可能是作案罪犯;在例 7 里,缺少了"是大学生"这个必要条件,就不可能是师大生。我们平常说的"连 p……都没有(不是);还谈得上 q……""没有 p……就没有 q……"等话语中的 p,就是其 q 的必要条件。

威逻辑还提示我们观察比较,其实在前面 A 组例中的每一例 q,既是该例中充分条件 p 引发的结果,同时又是该例中 p 的一个必要条件。比如 A 组例 1 中的 q,既是该例中充分条件 p 引发的结果,同时又是该例中 p 的一个必要条件(即,如果考试根本不及格,那还谈得上得到了 72 分吗?)。同样的原理,在 A 组的下续例中,(例2)如果某教室根本不明亮,哪里还谈得上亮着 20 盏日光灯;(例3)某地方连中国的领土都不是,哪里还谈得上是中国的首都呢?还有,(例4)如果邓亚萍根本没有醒着,还谈得上她正在打乒乓球吗?而(例5)既然"并非今天不是星期四(即今天就是星期四)",那么就绝对不可能"今天是星期三"(例7)中,既然他并非本事大,那么当然不可能出现他撬动了地球;A组(例6)的p、q与B组的(例1)p、q正好相反,威逻辑的指点使我们对充分条件与必要条件的联系有了更深刻的认识。

威逻辑教授接下来就是剖析必要条件的实质:必要条件有时表现为某事物存在的一种必不可少的条件,有时表现为否定某事物能够存在的一种关键理由,有时表现为不能够实现某个目标的一种障碍,有时表现为不支持某事物出现的一种威慑。但归根到底,必要条件在因果关系中是那些"多因一果"现象之中的"多因"之一。也就是说,当着我们说某事物"需要同时具备几个条件"时,那么该事物"所需的诸多条件"之任何"一个条件",都是该事物的一个必要条件。威逻辑用箭头图简洁标示了必要条件 P_1,P_2,P_3 共同作为"多因一果"q的"多因":

这样直观的图示,使我们在对比中即刻明白了充分条件与必要条件的区别。

威逻辑教授在反复强调了必要条件的强硬性、威慑性之后,突然问:"必要条件既然是钳制事物咽喉的一类条件,对事物那样具有威胁性,是不是对我们就没有利益了呢?"同学们默然。威逻辑教授也不强求回答,她对学生常常是理解和宽容的,不会逼迫我们,不会像有的老师那样用提问把我们搞得紧张兮兮的。她的提问,其实主要是启发我们思考,用她的话说就是让我们"进行快乐的思考,享受思考的快乐"。看见大家不语,知道有难处,她就娓娓动听地讲解——对于人们想要的东西,必要条件自然是一种威胁,是钳制,甚至可以说是一种凶恶的、限制性的卡脖子条件。但是,人们并非对任何事物都需要,比方病毒、跳蚤、虱子、疾病、车祸、痛苦、失恋、失败……,一般人都不想要吧,这种时候,你只要破坏这些事物的一个必要条件(注意:只需破坏一个必要条件就行),那么该事物就绝对不会出现了,许多不幸也就可以避免了。俗话常说"病从口入""祸从口出",就是强调"嘴巴是招病或者惹祸害的一个必要条件",应该管好自己的嘴巴,不要乱吃东西,不要乱说话;要避免车祸,就要设法破坏发生车祸的一个必要条件,而人们制定交通规则、划分车行道和人行道、在十字路口设置红绿灯、斑马线,等等,就是用设施来破坏车祸发生的必要条件,在特定的交通环境中,只要切实破坏了车祸发生的必要条件,就一定可以避免该环境中的车祸;在战争中,欲使敌人失败,就需要根据具体战役,在战略战术上分析并有效破坏敌人进攻的必要条件,以阻止敌人取胜——比方采用提供假情报或制造假象扰乱敌军、或者破坏敌人的通讯设施、或者阻断敌人的军需供应或援军……只要真正分析准确并且确实破坏了敌人取胜的必要条件,哪怕只破坏一个必要条件,那也就一定能够打败敌人。毛泽东辉煌的军事思想——在战术上采用"避敌锋芒,分块包围,集中优势兵力以歼灭敌人",就是破坏敌人取胜的必要条件,瓦解敌人"在总体上兵力强大"的优势,使敌人在被我军分割包围后成为一块块兵力薄弱的劣势群体,而我军则由于在包围每一块敌军的歼灭战中都集中了大于敌人三倍甚至于四倍的兵力,那就在战术上即在具体战役中,破坏了敌人取胜的必要条件而同时创造了我军取胜的一个充分条件,于是,我军的胜利就成为必然结果。可见,条件本身是无所谓利弊的,关键是看你怎么样运用,运用得好,则弊也可以转化成为利。

　　上面讲到的充分条件和必要条件,是分别控制着事物的发生或者不发生,而要是你能够分析准确并且真正掌握了某个事物的充分必要条件,那么,该事物的出现或者不出现就同时被你统统控制住了,你就完全有能力把该事物随心所欲地招之即来,挥之即去。

　　所谓充分必要条件,就是当有条件 p 时,就一定会有(是 100%、1000‰的会有)事物 q;同时,在没有条件 p 时,也就一定没有事物 q(是 100%、1000‰的不会有)的一类条件,这样的 p 就叫做 q 的充分必要条件。

　　例如(C 组例),

p		q
1. 已具备"三好"	对于	当上三好生
2. 具备人类生存的一切条件	对于	人类生存
3. 得到了 60 分以上(百分制)	对于	及格
4. 某教室光源充足	对于	该教室明亮

5. （在同一平面中）两条直线永远不相交　　　对于　　两直线平行
6. 正在攻读专科或本科的学生　　　　　　　对于　　是大学生
7. 实行"各尽所能，按需分配"　　　　　　　对于　　实现共产主义

上面每一例的 p 都是 q 的充分必要条件。

威逻辑指出，充分必要条件是事物存在或者不存在的一种绝对控制条件，是事物的必要条件达到充分具备阶段的条件之和（或者说，是事物所需的必要条件已经完全具备了，即我们平常说的"条件完全成熟了"）。充分必要条件综合了充分条件与必要条件的两种必然性，即它同时具有上面讲到的充分条件对事物存在的必然性控制及必要条件对事物不存在的必然性控制。一旦具备了某事物的充分必要条件，那么相关的事物就绝对能够出现。同时，如果缺少了它，相关的事物就绝对不可能出现。

在例1里，已真正具备"三好"条件，那就应该能当上三好生，而没有真正达到"已具备'三好'"，那就一定不能当上三好生；在例2里，要是已经具备了人类生存的一切条件，那么人类就一定能够生存，而不具备"人类生存的一切条件"这个充分必要条件，就绝对不会有人类的生存；在例3里，得到了60分以上（百分制），那么肯定是及格了，而"没有得到60分以上（百分制）"那就肯定是不及格；在例4里，某教室光源充足，那么该教室就一定是明亮的，而当该教室的光源不充足时，那么该教室就一定不是明亮的；在例5里，如果在同一平面中的两条直线永远不相交，那么这两条直线肯定平行，而两条直线要是在任何地方相交，那么该两直线就不是平行线了；在例6里，正在攻读专科或者本科的学生就一定是大学生，并非正在攻读专科或者本科的学生，就一定不是大学生；在例7里，真正实行了"各尽所能，按需分配"的社会，那就一定实现了共产主义的社会，而还没有实行"各尽所能，按需分配"的社会，那么就算不上是共产主义社会。

至于说到充分必要条件的实质，威逻辑教授强调：其实，充分必要条件就是控制事物的实质性条件，是揭示事物规律性的那种条件。事物的充分必要条件决定了事物的命运，有之则然，无之则不然。充分必要条件有时表现为事物存在的唯一的条件（如C组例7）；有时表现为把事物的所有必要条件集合起来（如C组例1、2）；有时表现为一种不能更改、无法代替的条件（如C组例3、4、5、6）。但归根到底，充分必要条件在因果关系中是那些"互为因果"现象之中的"因"或者"果"。也就是说，当我们说一事物与

某事物"形成了循环"时,那么无论它们形成的是良性循环还是恶性循环,它们每一方都是对方的充分必要条件了。威逻辑也用箭头图简洁标示了充分必要条件 p 与 q 之间"互为因果"的循环联系：

$$p \underset{\longleftarrow}{\longrightarrow} q$$

三类条件的区别,在不同的箭头标示图里显示得更简洁明白了。

讲了上面的理论剖析,威逻辑教授照例又引导我们联系实际运用,要我们讨论"金钱"对于"生活幸福"是哪一类条件？

教室里沸腾起来,同学们有的认为"金钱"是"生活幸福"的充分条件；有的认为"金钱"是"生活幸福"的必要条件；有的认为"金钱"是"生活幸福"的充分必要条件；还有的认为"金钱"是"生活幸福"既不充分也不必要的条件。威逻辑教授把各种看法一一代进公式,让我们自己判别"哪一种看法更接近真理"。最后,大家比较一致地认为,"金钱"对于"生活幸福"应该是必要条件,因为没有"金钱"就没有"生活幸福"；而有了"金钱"却不一定"生活幸福",这是比较合情合理的。正因如此,人们才会深有感触"钱不是万能的,但是没有钱却是万万不能的"。否则,若认为"金钱"是"生活幸福"的充分条件,那就是认定"有金钱生活就幸福,而无金钱则生活不一定不幸福"；这是羞答答地认为"金钱一定能够带来幸福",但却不能够解释为何富翁并非都幸福？若认为"金钱"是"生活幸福"的充分必要条件,那就是认定"有金钱生活就幸福,没有金钱生活就不幸福",这是完完全全的"金钱决定幸福论",显然不可取。而若认为"金钱"是"生活幸福"既不充分也不必要的条件呢,那么你就是认定"有无金钱都与生活是否幸福无关",这又脱离现实,不可能成立。

紧扣上面的讨论,威逻辑教授又顺势演绎,讲开了分析三种条件的三部曲及三种条件的联系与转化。她说,人们要掌握某事物的条件,应当从分析其必要条件入手；把必要条件分析准确了,找完全了,那么,全部必要条件之和就是该事物的充分必要条件；而能够包含了充分必要条件的每一种表现方式,都可以是该事物的一个充分条件。这就是为什么威逻辑要把三种条件排序为：必要条件,充分必要条件,充分条件的缘由(见本节论及条件关系的首段括号注)。例如,对于"考试及格"而言,其必要条件是"60

分内的每 1 分"；而当所需要的必要条件完全具备，或者换句话说是条件积累到了充分程度时，即达到了"60 分以上"，那时就是已经具备了"及格"的充分必要条件；于是，凡是达到了"60 分以上"的任何一个表现方式即"60 分以上"的任何一个积分点（例如 63 分或 68 分或 78 分或 82 分或 90 分……），那就都各是及格的一个充分条件了。更有启示意义的是，威逻辑从上面对三类条件联系的分析中提示我们，要想掌握某事物的三类条件，应该从分析必要条件入手。因为，找到了某事物的全部必要条件，也就抓住了该事物的充分必要条件，而真正弄清楚了某事物的充分必要条件，也就有利于创造该事物的一个充分条件了。为说明分析必要条件的重要性，威逻辑紧接着以分析"成功""幸福"的必要条件继续示范。

　　威逻辑教授分析"成功"的两个必要条件分别是"主观努力"、"客观机遇"；"成功"的充分必要条件是其两个必要条件之和，即"'主观努力'+'客观机遇'"；"成功"的充分条件则是"具体多样的'主观努力'+具体多样的'客观机遇'"的每一种组合方式。同样的原理可析："幸福"的两个必要条件分别是"物质满足"、"精神满足"；"幸福"的充分必要条件则是其两个必要条件之和，即"'物质满足'+'精神满足'"；而由于不同的人对于"物质满足"与"精神满足"的具体要求不同，因此对幸福的充分条件（即充分必要条件的多种表现方式）要求也就随之不同，因此才形成了不同的幸福观——封建士大夫在达到"洞房花烛夜"、"金榜题名时"就感到"幸福"了；中农在得到"30 亩地 1 头牛，老婆儿女热炕头"时就觉得很幸福了；雷锋则说："使别人生活得更好，就是我的幸福。"

　　威逻辑教授对三种条件的多方诠释与演绎，使我茅塞顿开并且越来越开，真正感受到了"听君一席话，胜读十年书"的痛快。那两节课后，我仿照威教授的列表比较方法，把威逻辑所讲到的这三类条件的方方面面梳理一遍，设计成一份表格，第二天拿去学校，威逻辑教授大加赞赏，夸张地说我是个"小发明家"，还说，有人立足于这几类逻辑条件的深入探索，演绎出了"制约逻辑"，如果我能够继续努力，不断探索，说不定将来有希望修成正果呢。得到这样的鼓励，我自然更加来劲，继续钻研这三类条件，熟悉它们，运用它们，这使我深深尝到了学逻辑的甜头和趣头，也奠定了在我取得了威逻辑教授的硕士学位之后还要考逻辑学博士的重要基石。你看，这就是当年我设计的那份表格，你看是否有点威逻辑教授的比较法味道？

三类逻辑条件比较表

条件名称 比较项目	充分条件	必要条件	充分必要条件	备注
公式化的表述	有p,则必定有q； 无p,则不一定无q。	无p,则必定无q； 有p,则不一定有q。	有p则必定有q； 无p,则必定无q。	
因果链式表述	在"异因同果"中,p是q的"异因"之一；或说p是q殊途同归的殊途之一,或达到同一目标的不同手段之一。	在"多因一果"中,p是q的"多因"之一；或说p是q必不可少的条件之一。	当p与q"互为因果"时,p与q每一方都是对方的"因"或者"果"。 二者互相制约形成循环。	
古汉语式表述	有之必然； 无之未必不然。 "之"即充分条件。	无之必不然； 有之未必然。 "之"即必要条件。	有之必然； 无之必不然。 "之"即充分必要条件。	"之"= p "然"= q
日常语言的表述	有它当然好,没有它也许照样行； "它"即充分条件。	有它倒不见得好,无它就不得了。 "它"即必要条件。	只有它才行,别的都不行。 "它"即充分必要条件。	
例析	p　　q 1. 得73分—及格 2. 三好学生—学习好 3. 离了胡屠夫,不一定就吃混毛猪 4. 只要有鱼就算荤席。 "得73分","是三好学生","胡屠夫","有鱼",均各是其所在例中后一句的充分条件。	p　　q 1. (60分内的)每1分—及格 2. 学习好—是三好生 3. 离了红萝卜,肯定办不成十香席 4. 书都没有,还看书呢！ "每1分","学习好","红萝卜","书"均各是其所在例中后一句的必要条件。	p　　q 1. 得60分以上—及格 2. 完全达到三好生的一是三好生 3. 有改革开放就前进,无改革开放就不前进。 4. 成也萧何,败也萧何。 "得60分以上","完全达到三好生的规定标准","萧何",均各是其所在例中后一句的充分必要条件。	左边三栏的"及格"均为百分制。

逻辑时空　校园逻辑

B君,其实这份表格当年我就给你看过,但那时你正在谈恋爱,根本没有心思细细品味,恐怕不会有太深的印象。而我由于对三种条件的认识及区分比较清楚,故在以后学习假言判断及假言推理、二难推理以至间接证明中的假言证法、直接反驳中的归谬法时,都能够轻松愉快地牢固掌握。因为说到底,假言判断其实就是三种条件的两两组合(在充分条件假言判断里,前件是后件的充分条件,同时后件是前件的必要条件;在必要条件假言判断里,前件是后件的必要条件,同时后件是前件的充分条件;在充分必要条件假言判断里,其前件与后件互相为对方的充分必要条件),而假言推理的有效式,最终也是依据三种条件的逻辑关系进行推演的;二难推理构成式的总体逻辑框架其实就是充分条件假言推理的有效式——肯定前件式,而二难推理破坏式以及间接证明中的假言证法、直接反驳中的归谬法的总体逻辑框架其实也就是充分条件假言推理的另一有效式——否定后件式嘛。

B君,你不记得我仿制的比较表没关系,但总不会忘记那天上课的小插曲吧?想起来了吗?威逻辑教授讲完二难推理之后,在黑板上写了:"天下霜,天下雪,下霜下雪变成水,变成水来多麻烦,不如开始就下水",叫我们破斥该说法的荒谬。

当时一阵折腾,起来反驳的倒是有几个,但威逻辑教授都不满意。你和我真是英雄所见略同,我们同时举手,我先起来说:

"我做题,我考试,做题考试变成分,变成分来多麻烦,不如开始就记分"。话音一落,同学们满堂哄笑。你说的就更不得了,你故意拉长声调阴阳怪气地说:

"人吃饭,人吃菜,吃饭吃菜变成屎,变成屎来多麻烦,不如—开—始—就—吃屎。"你编制的那最后一句话,几乎是全班同学异口同声一起说出来的,大家说完后就一面大笑一面鼓掌……

威逻辑教授和大家一起大笑,并且肯定了我们能使用"以其人之道还治其人之身"的反驳要领,指出我们所构建的推理,实际上是仿照对方的逻辑框架,以相同的推理形式给予反驳。原说法的逻辑框架是:

(1) 如果天下霜,那么霜最终又变成水,这很麻烦,

　　如果天下雪,那么雪最终又变成水,这很麻烦,

　　或者下霜,或者下雪

所以,霜雪最终又变成水,都很麻烦。
(2) 霜雪最终变成水多麻烦,
　　麻烦的事情不必做,
　　所以,为避免麻烦不如开始就下水。

威逻辑教授说,(2)这个似然三段论中的"麻烦的事情不必做"是潜藏在推理中的假命题。威逻辑教授还引导我们思考,原说法使用的二难推理,在推理形式方面没有违规,但为什么还是产生了谬误呢,那就是因为其后续推理的三段论有一个前提虚假,即暗藏了"麻烦的事情不必做"这个假命题。"麻烦的事情不必做"为什么是个假命题呢？首先要廓清,麻烦不等于繁琐,繁琐是指纯属于多余的程序；麻烦则一般指必经的程序较多或出现了一些困难、问题。其次,"麻烦的事情不必做"又是个全称命题,是断定"所有的""任何的"麻烦事情都不必做,这就更不符合客观事实了。大家知道,在现实生活中,做任何事情都表现为一个过程,都须经历一套必经的程序,事情的必经程序有许多都有不可避免的麻烦,就是吃一顿现成的饭都避免不了有一定的麻烦,但是人们明白,做事情总是应该首先考虑其必要性,如果需要,再麻烦也得做。而且,有许多事情的意义甚至是过程远比结果更重要,假如所有的过程都省略了,也就没有了事情本身。

威逻辑教授最后点拨道,这就是为什么"变成水来多麻烦,不如开始就下水"的谬误等于"不做题不考试就直接记分(变成分来多麻烦,不如开始就记分)"也等于"不吃饭菜而直接吃屎(变成屎来多麻烦,不如开始就吃屎)"。因此,你们的反驳是成功的。

威逻辑教授的夸奖虽然使我们心花怒放,然而,我们自己知道,我们并没有威逻辑教授所夸奖的那么聪明,我们也并没有那么理智地进行逻辑反驳,只是猜测着估蒙着地直觉性碰对了,至少我当时是瞎蒙的。

§6 威教授的"比较方法"

(小 F 的来稿)

如今的我，还是个在读的大学生。听说你们要写威逻辑，我也就自告奋勇投一稿。我没有你们那样幸运，能够与威逻辑在同一个学院而可以经常得到她的教诲。我是生物化学专业的，幸好威教授开设了校级公选课"趣味逻辑"，我才有幸做了威逻辑的"选修课弟子"。但她给予我的印象却很深，我得到的启示也很多。我觉得威教授既是理论层面的逻辑学家，更是行为和实践层面的逻辑学家。我记忆特深的是她对知识、能力、智慧的阐释，对批判性思维与创造性思维的示范和她的比较方法。我的笔记本记录了威教授的这样一段话：

> 知识，是人们对于别人的经验或理论的了解、理解。当一个一个知识点积累起来，就谓之"有知识"，有知识能回答"是什么"和"怎么样"的问题；知识多的人可以称之"有知识"或者褒誉"学识渊博"的人。
>
> 能力，是对知识的运用，是使知识活起来，用知识解决问题。能够解决一个一个的问题，就谓之"有能力"、"有本事"，有能力能够回答"做什么"和"怎么做"；"有能力"比"有知识"高了一个层次。有能力的人可以称之"聪明能干"的人。
>
> 智慧，是人们对知识和能力的提炼，是知识和能力的结晶，必须经过长期认真学习、深入思考、反复实践，才能逐渐形成，往往表现为善于发现问题、提出问题、分析问题、解决问题的正确思路和良好的思维习惯。能够经常提供解决疑难问题的好思路，好对策，就谓之"有智慧"。有智慧既能够回答"是什么"和"怎么样"以及"做什么"和"怎么做"，还能够回答"为什么"和"关联什么"。显然，有智慧是比有知识、有能力都高的层次。有智慧的人称之为"智者"、"哲人"。

威教授还说，逻辑学可以帮助人们学习知识、培养能力、形成智慧，但是需要认真地学习领会，自觉地实践应用，只要功夫到了，就一定会有收获。

我眼里的威教授就是个"智者"、"哲人"。我觉得她已经把逻辑知识、逻辑能力、逻辑智慧融为一体，用同学们的话说"威教授浑身都是逻辑"。她讲课时的那些思辨性、论证性、严密性、灵活性及幽默性，总是能够紧紧抓住我,使我的思绪一点都不会开小差。尤其是她那循循善诱引导我们质疑、思疑、解疑的教学程序,每一次都是对批判性思维和创造性思维的具体示范,都能给予我们开启心扉的启示。

威逻辑曾多次强调比较方法在认知过程中的特殊重要,她自己就是把比较方法运用到了炉火纯青的境界。许多模糊的、疑难的问题,经她信手拈来地那么一对比,马上就眉目清楚了。我刚刚翻到她讲传统逻辑三条基本规律的比较表格,也一并扫描了给你发过来:

传统逻辑三条基本规律比较表

规律名称 比较项目		同 一 律	矛 盾 律	排 中 律
规律内容	在同一个思维过程中,对同一个思维对象的同一个方面而言	在"三个同一"的前提下,任何一个思想都具有自身的同一性。	在"三个同一"的前提下,一对矛盾或反对命题不能同真,必有一假。	在"三个同一"的前提下,一对矛盾或下反对命题不能同假,必有一真。
规律的表达公式		在"三个同一"的前提下, A→A 或:A 是 A。	在"三个同一"的前提下, ¬(A∧¬A) 或:A 不是非 A	在"三个同一"的前提下, A∨¬A 或:或者 A,或者非 A。
规律的要求		在"三个同一"的前提下,对任何一个思想(概念或命题)不能中途改变其含义。	在"三个同一"的前提下,不能同时认可一对矛盾或反对命题。	在"三个同一"的前提下,不能同时否决一对矛盾或反对命题。
违反规律常犯的错误		违反同一律常犯的错误: "偷换概念"、"转移论题"。	违反矛盾律常犯的错误: "两可"、"自相矛盾"。	违反排中律常犯的错误: "两不可"、"都不选"。
规律的意义		保证了某个思想含义的确定性。	保证对某个思想否决的确定性。	保证某个思想选择的确定性。
各条规律的适用范围		适用于任何一个思想。	适用于一对矛盾命题或反对命题。	适用于一对矛盾命题或反对命题。
三条规律的相同点	1. 三条规律都强调在"三个同一"(在同一个思维过程中,对同一个对象的同一方面而言)的条件下使用; 2. 三条规律都共同保证思想的确定性; 3. 三条规律的逻辑值相等,都是逻辑的永真公式。			
三条规律的相异点	1. 三条规律分别从不同方面保证思想的确定性; 2. 三条规律各自有不同的适用对象; 3. 违反三条规律各犯的错误不同。			

威逻辑的这个比较表，清楚得几乎透明了。表格从那么多方面对逻辑规律做了分项比较，在此基础上再进行综合比较，其林林总总的特征及纵纵横横的联系已经十分明白。加之威逻辑的表格是在多媒体教室的屏幕上渐进地填充完成，更是动态地充分演示了整个思维过程，使我们这些初学者跟随着她的思维，在一个课时里就接受了三条规律。上面的表格，只是威逻辑成功表格的沧海一粟。我觉得，威逻辑的智慧从她使用的大量图表比较中也会不经意地显现出来，每次听"趣味逻辑"课看到本上她所构制的那一幅幅图表，就更能体会到"才华横溢"的含义。你们不会忘记吧，威逻辑几乎每个知识点都采用了图表比较，只不过有的很规整，有的较松散；有的项目多，有的项目少；有的横向比较，有的纵向比较；有的宏观比较，有的微观比较……在她的种种比较中，总是帮助我们从同中比出异，从异中比出同……比较中，我们对知识理解得更透彻；比较中，我们对差异分辨得更明白。我仿照威逻辑的表格比较法，把她分散讲到的批判性思维与创造性思维做了个整理性的比较，不知道对不对，请指正：

	批判性思维	创造性思维
相同点	都是从"否定"出发	
不同点	1. 从温柔的"否定"出发 （否定后可能还会返回来）。 2. 否定或者质疑所遇到的一切对象。 3. 在逻辑思维的基础上。 4. 批判性思维真谛： 　　遇某事物或某理论三思五问，不轻信不盲从。思维流程：怀疑性否定—思考—选择—确认（或推翻）。	1. 从坚决的"否定"出发 （否定后决不会返回来，向前）。 2. 有选择地否定质疑的对象。 3. 在批判性思维的基础上。 4. 创造性思维真谛： 　　遇某事物或某理论三察五审，不满意，不落窠臼。思维流程：否决性否定—思考—联想—构思—创造。

我的比较是否全面而正确这并不重要，重要的是我知道，当我们把威逻辑所教的比较法自觉应用到逻辑知识的学习或者其他学科的学习中时，那就是把逻辑知识转化为能力了。若再能够经常性创造性地把逻辑能力恰到好处地用来解决实际问题，那就有希望转化为逻辑智慧了。无论哪门学科，其实都需要比较方法，而无论对哪门学科的学习，也都可以应用比较方法达到事半功倍的学习效益。我越是在其他学科里应用从威逻辑那里学来的比较法，越能体会到比较方法的妙不可言，我就经常向我的同窗好

友推销威逻辑的比较法。

不知道你们有没有听说过威逻辑帮"植物王"用比较法的逸事,而我却是个见证人。因为就是我牵的线,是我把威教授推荐给"植物王"的。

"植物王"是我们生化学院教植物学的王婕老师,因为她精通各式各样的植物而得到学子们的尊称。"植物王"每当说及植物时都如数家珍,那成千上万的植物,似乎都栽在她的嘴里,只要一张口,就一一地展现出其枝枝叶叶、花花果果,十分形象逼真。可是,作为大学的专业课程,我总觉得"植物王"的讲课缺少点什么。在选修了威逻辑的"趣味逻辑"后,我明白了:"植物王"缺少的就是威逻辑的那点"逻辑味道"。威教授讲课时那种能把学科重点提炼为一个个"本单元的知识制高点"的逻辑眼光,以及那种能把学科知识融会贯通地精彩组装成为一个个子系统的逻辑能力,尤其是威逻辑那些纵横驰骋、所向披靡的比较图表的逻辑设计,正是"植物王"所欠缺的。记得我曾经问"植物王":"为什么苹果又是'十字花科'又是'花红科'?"她回答是"因为苹果的花像十字,果实像花红"。当时我对回答很不满意,觉得缺少理论高度。直到在"趣味逻辑"中学到"划分、分类"等逻辑方法时,我终于能够自己回答这个问题了——"那是因为分类的标准不同,按照花形分,苹果可以归为'十字花科',如果按照果形分,苹果就可以归为'花红科'"。

我希望我尊敬的"植物王"能够像威逻辑那样更有魅力,就把我的感受分别向"植物王"和威逻辑教授都讲了。没想到,两位杰出的老师都急切地想认识一下对方,于是,我就自自然然地担任了中介搭桥。"植物王"不愧为一位优秀教师,她很虚心地向威逻辑请教"图表比较"的逻辑思路,威逻辑教授也不愧为一位优秀教师,耐心向"植物王"讲解"比较方法"的逻辑原理。

我有幸先后听到了威逻辑的讲解和"植物王"的实践感受。记得威逻辑是这样说的:

马克思曾说过,比较"是理解现象的钥匙",鲁迅则说过,比较"是医治受骗的良方",民间有句老话是"不怕不识货,就怕货比货",几种说法强调的都是"比较"作为一种思维方法和逻辑方法的认知功能。因为,有比较才有鉴别,有鉴别才有认识,有认识才可能形成知识。比较的过程,其实就是把相关的两种或者多种现象或经验或知识放在一起对比,这是运用逻辑思维对学科知识的理性思考,是把参与比较的每一方都作为他方的一个参照系,这样,在彼此互为参照系的对比中,参比各方的相同点或差异点就会鲜明地显示出来,这就有利于学习者的辨别、理解、记忆,久而久之,这会大大有助于提高学习者的识别能力、思辨能力,进而提高认知能力。正因如此,比较方法在人类认识史和科学发展史上占有重要的地位,科学的比较方法不仅要求对事物的不同领域、不同过程或不同阶段进行比较,找出他们的相同点和不同点,而且要求对事物或过程内部的矛盾对立双方进行比较,以便深入揭露所考察对象的内在矛盾。我们教师是帮助学生认识世界和改造世界的,那就要引导学生把各个知识点尤其是知识的难点和重点弄得清清晰晰,所以,不仅要尽可能在教学中运用比较法,而且要帮助学生掌握比较法,让他们在大学学习阶段善于迅速进入正确思路和养成良好的思维习惯,因此,教师的比较就应该同时具有示范性和启示性。当然,要在教学中充分运用比较方法,特别是适时运用图表比较,那就既需要对学科知识了如指掌、融会贯通,又需要一定的逻辑素养,即善于对思维对象进行逻辑梳理,正确把握学科知识的内在逻辑联系。简单点说,就是要知道该把哪些东西放在一起比较,而且明确比较的目的是要得出什么样的结论来;同时要知道哪些东西不具有可比性,绝不能放在一起比较,因为那样不能够对比出有意义的结果。比较有现象比较,理论比较;感性比较,理性比较;实验比较,实践比较;宏观比较,微观比较;横向比较,纵向比较;定性比较,定量比较;共时比较,历时比较;两项比较,多项比较;……

　　威逻辑的那么一大堆比较,"植物王"应接不暇,连忙说:"我服您了,您的各种比较、让我一时半会儿学不了,我要立竿见影,您就直接教我几招吧。我只觉得,我花的功夫很多,可是同学们对我的评价往往是'生动'、'形象'、'直观'、'好像进了植物园',这评价虽然不算坏,却显得像夸奖中学老师讲课似的。我想,大学老师尤其是优秀理科老师的评价应该是'科学性强'、'条理性强'、'逻辑性强'……"威逻辑说:"我明白了。"

　　于是,威逻辑给"植物王"讲了最简单的二元偏向比较,即以"P"与"非P"为两个比较对象,比较二者在同一个层面的异同,比如,同是在"特性"这个层面比较,这类比较看似对"P"与"非P"都涉及,但比较时的操作诀窍应是注重于"P",把"非P"只作为"P"的参照系、背景,即"非P"只是为了衬托"P"而设。这类比较的效果,是使"P"的特性显得很鲜明。例如,把你们植物中的"十字花科"与"非十字花科"的特性进行比较,"虫媒植物"与"非虫媒植物"进行比较,等等,都可以借助各自的"非P"("非十字花科"、"非虫媒植物")把每一组"P"("十字花科"、"虫媒植物")的特点衬托得更突出,从而有利于更快捷、更准确地把握"P"的特性。

"我明白了。"这次轮到"植物王"说这句话了。

从此,校园里多了一道风景——威逻辑与"植物王"晚饭后常在校园里谈笑风生地散步。也许,她们会谈论逻辑学之外的别的什么,但可以肯定一点,她们总会谈论到逻辑学的比较法,譬如威逻辑给我们讲课时用的"二元多层"比较法、"多元多层"比较法、"均衡比较法"、"偏向比较法",等等。因为,同学们逐渐发现,"植物王"的讲课明显有变化,在她讲得"生动"、"具体"、"形象"的优势基础上,她开始使用图表比较了。还有,不仅图表渐渐增多,而且比较的项目也越来越繁富,越来越深入,有时甚至像威逻辑那样总结出一些记忆口诀、顺口溜什么的。同学们都感觉到"植物王"的课更有厚度,更有回味,也更得要领,更容易记忆了。作为深知"植物王"变化隐情的我,心里甭提有多高兴。我为能够使我敬爱的两位老师携手共进而体味到一种成就感,我多么希望有更多的老师都能具有威教授的逻辑素养,使他们能够在各自的学科领域更上一层楼。于是,我常常在我们生化学院的老师们面前夸赞威教授的逻辑魅力。"植物王"也现身说法,历数威教授的逻辑思路如何敏捷,图表比较如何事半功倍。这样一来二去,有心人自然动心,"化学郭"有一天也请求"植物王"引见一下威逻辑了。

"化学郭"是我们学院教生物化学的郭老师,郭老师号称我们学院的"四大金刚"之一,他的课也是讲得神采飞扬,所以同学们背后就叫他"郭化学"或"化学郭"。

"化学郭"找威逻辑,不是仅仅停留在讨论如何使讲课更条理,更逻辑,因为"化学郭"讲课的条理性可以算是够逻辑的了。"化学郭"正在申报"精品课程",他要找威逻辑商讨的是如何把多媒体课件做得更系统、更严密、更逻辑。因为,各式各样图表的框架设计,本身就是一项很讲逻辑艺术的思维工程。

"化学郭"算是有眼光,他找威逻辑真是找对人了。威逻辑已经是首届"教育部精品课程"得主,威逻辑的那些图表比较,浑然天成地就是制作多媒体课件的好样板,你们文学院的逻辑课不是体会更深吗?经"植物王"的搭桥，"化学郭"与威逻辑见面了，交谈了，商量了，切磋了。一个月后，"化学郭"的课件出世了。

果然不同凡响，威教授的逻辑魅力加上"化学郭"的化学处理，课件中那一幅幅深入浅出的图表，那一组组科学严谨、逻辑严密的标题字幕，那一帧帧音像并茂的画面，真是令人拍案叫绝！比如，那些大分子的结构解析图，单质、化合物、混合物比较图，悬浊液、混浊液比较图，分解反应、化合反应、中和反应比较图，等等，无不一一闪现着逻辑学与化学的双重光芒。同学们都说，这样的课件，才实打实地算得上充满现代气息和传统精华的"精品课件"。

同学们的眼光没错，上学期末，学校公布了三门课程荣升为省级的"精品课程"，"化学郭"领衔的"生物化学"就排列第一。

在人们对"生物化学"精品课程的一片赞扬声中，我想，至少有两个人应该知道，这"省级精品课程"的荣耀里有威逻辑的一份功劳。这两个人，应该就是我和"化学郭"。

§7 威教授的"大逻辑观"

（弟子 G 的来稿）

威教授常说,学逻辑要用大逻辑的观念,即应该把学习逻辑的视野放开,不只局限在狭义的经典逻辑学。她说,20世纪以来的逻辑学家族已经非常庞大,大的分支有二:经典逻辑与非经典逻辑。经典逻辑一般只指传统的亚里士多德逻辑和现代的数理逻辑;而非经典逻辑的阵营就大了去了,大的分支就有内涵逻辑、多值逻辑、模态逻辑、应用逻辑、泛逻辑等,而各个大分支下面又有若干小分支,仅仅"泛逻辑"这一小分支就至少包括逻辑语形学、逻辑语义学、逻辑语用学,等等,更不用说蓬勃发展的"应用逻辑"的数十个分支了。曾经有人统计说,世界上现在已经有100多门逻辑分支了。威逻辑教授要求我们并重学习和掌握逻辑形式、逻辑规律、逻辑方法。她说,即使只从狭义角度学习逻辑推理,也要用大逻辑的观念。诚然,逻辑学主要是关于推理的学说,但是推理的天地宽阔得很,不仅有演绎推理、归纳推理、类比推理,还有模糊推理、语义推理、语用推理、合情推理,等等。在保证前提真实的条件下,有的推理结论是必然的,即结论是必定"正确",必定"这样",不可能"不正确",不可能"不这样";有的推理结论是或然的,即结论是或许"正确",或许"这样",同时也就或许"不正确",或许"不这样";有的推理结论则是似然的,即结论是近似于"正确",近似于"这样",或者说,是差不多"正确",差不多"这样"。

比较起来,必然性的推理无疑价值最高,最值得花力气学习,但无论是必然性的推导还是或然性的推导,亦或似然性的推导,都有利于帮助人们从已知王国进入未知王国,都值得学习和掌握。而且,在人们的一般思维和表达中,或然性推理及似然性推理的使用频率更高。因此,应当同时注重掌握和运用各种推理的逻辑规则,而不能满足于机械记忆经典逻辑的一些知识点。更重要的是,学习逻辑的最终目标,应该是善于寻找正确思路和提高推导能力,故在学习中要始终自觉进行逻辑思辨和逻辑分析的思维训练,养成"每事必思,每思必得,每得必审"的良好思维习惯,这才是学习逻辑最重要的着力点。

威逻辑还强调，要提高思维水平，那绝不能只停留或满足于本科阶段学习到的那点逻辑知识，应当在逻辑王国里继续登堂入室，主动向现代逻辑挺进。因为完全符号化和形式化了的现代逻辑，是进行科学研究的重要工具。如果说，传统逻辑是"日常思维和表达的工具"，那么，现代逻辑就是"科学研究时的思维和表达的工具"，是一种必不可少的逻辑武器了。无论理科还是文科，若要把学科的专业研究提升到相当的理论高度，就不能离开现代逻辑这个研究工具。她鼓励我们要立志驾驭现代逻辑，学习方式可以通过自己学习或者报考逻辑专业的研究生，若需要她帮助，尽可以随时联系，她会鼎力相助的。

威教授多次提醒我们，有大逻辑的观念就应当重视逻辑方法的运用，因为许多逻辑方法本来就是逻辑思维的结晶。从某种意义上说，逻辑学能够作为思维的工具，就是因为它体现为若干逻辑方法（广义的逻辑方法可以包含推理，如演绎法、归纳法）。有的逻辑方法能与推理一样帮助我们由已知王国进入未知王国，比如，逻辑分析方法就能够揭示对象所隐藏的奥秘。她要求我们自觉培养逻辑分析的意识、养成逻辑分析的习惯，而她自己就常常身体力行地作出示范以启示我们。

威教授在逻辑课里一贯的示范性分析不必细说，我印象最深刻的是她的一次课外专题讲座——《"分"的分说》。她在专题课中讲到的"分"理论，对我的思维影响很大。

威教授告诉我们，解决任何复杂问题的初始突破口或万能钥匙是"分"。

说到"分"，威逻辑好像数莲花落，口若悬河地一气说出30多个分：作为过程，关于理论对象的分有分析、分解、分类、划分等；关于实践对象的分又有分开、分离、分割、分隔、分裂、分散、分力等；作为对策，还有分工、分头、分管、分摊、分担等；分的结果可以有分界、分化、分野、分明；经历了"分"，认知水平可以达到分辨、分清，进而能知分晓、分寸，最后是问题明朗，成果可以大家分享。

她用了一个枝形图，就简明直观地讲清楚了"分"的思维流程（见下图）。

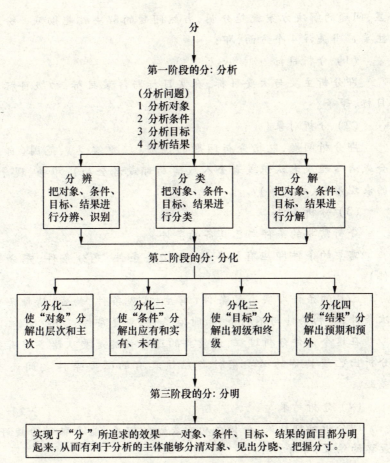

威教授说,"分"是一个逻辑运作过程或者说是一连串逻辑程序。总的讲是个<u>分析的过程</u>。

"分"的过程要用到分类、分解等逻辑方法。上述"分"的流程示意图,其实是几种逻辑方法的有机整合。分析的方法主要就是依靠逻辑思维,分析的意识是逻辑学的核心意识,真正懂逻辑的人就一定会分析,真正会分析的人也可以说是懂点儿逻辑的人。

以下是我当时对威逻辑教授诠释"分"的简易笔记摘录:

　　上面流程的第一阶段"分",是"分"的主要程序,是分析问题的过程。分析问题包括分析目标、分析对象、分析条件,分析结果,等等。分析问题是解决问题的关键,问题分析得越深透,问题的分化就越明显，问题的解决方案就越分明，当然问题的解决就越彻底。分析问题主要应当关注4个方面，即：

（1）分析目标

即分析主要与次要目标，真实目标与伪装目标，初级目标与终极目标，等等。

（2）分析对象

即分析问题，包括分析问题的性质（轻重缓急）、范围（自然或社会或者心理或者认识或者个人或者局部或者全局）、难易、现象（问题的表现形态、方式等）。

（3）分析条件

分析需要的条件与已具备的条件。

需要的条件即应有的条件（即必要条件、充分条件、充分必要条件）。

已具的条件即实有的条件（有主、客观条件，物资、精神条件，主、次条件，有利条件与不利条件，时空条件，重复条件，等等）。

在这个条件分析过程，最重要的逻辑关键是要从诸多现有条件中分析出已经具备的必要条件与应该具有的必要条件之间还有多少差距。

（4）分析结果

即分析预期结果，分析成功或失败的概率，能争取到的最好效果，最坏的结果，等等。

分析的角度可以多种多样，但逻辑的分辨、分类、分解是最基本的分。分类偏重从对象的整体分归，在分类时是寻找到对象的归属；分解偏重把对象分拆，在分解时是寻找到对象的构成因素；分辨则兼顾对象的外部或内部与特定参照系的分别。

因为"分"归根到底是拆开的问题，所以分解使用得最普遍。比如，在分析对象时可以进行"对象分解"，甚至只分解对象的某个方面，例如："曹冲称象"，曹冲是分解了<u>对象的重量</u>，把大象的重量由整体分解为零星，从而能够找到称出大象重量的方法；毛泽东的"集中优势兵力打歼灭战"是分解<u>对象的力量</u>，把大分解为小，把敌人集中的力量分解成为分散的力量，这样才能够把敌人一小股一小股地吃掉。又如，在分析目标时可以进行"目标分解"，"孙膑教田忌赛马"就是分解目标，是把全局分解为局部，不求每局都赢，但是保证最后获胜。

分类则在"条件分析"、"结果分析"时用得较多。比如"分析条件"时分为必要条件、充分条件、充分必要条件，有利条件、不利条件，等等。又比如"分析结果"时分为理想结果、不理想结果等。

第二阶段的"分"是分化，是经过前一阶段的分析，把对象由复杂分为简单，经过努力可以实现分化，从而能够显现出解决问题的突破口。

第三阶段的"分"是分明，是经过前两个阶段的分析，分化，使"分"的对象明朗化，已经是"分"所追求的结果了。

总之，面对任何复杂的问题，只要记住一个"分"字并且善于使用"分"的方法，就能够"使复杂的问题简单化"。因为，经过"分"的过程和相应努力，就可以使对象（问题、敌方）分解、分开、分离、分散，甚至分裂、分力；使条件（基础、友方）形成分头分工、分摊分管、分担分忧；使主体（我方）把情况弄得分明，便于分辨分清，最终能够清醒地明分晓、知分寸，进而可决定与合作者是否共同分享或分手。

别小看上述这些简要笔记，它曾经无数次地帮助我解决难题。每当遇到麻烦时，我就会情不自禁地想起威逻辑教授的解题钥匙——"分"，于是按照"分"的流程把问题七分八分一番，问题也就真的简单了。我把"分"的流程叫做"逻辑手术刀"。在"逻辑手术刀"下，任何问题都不是铁板一块，都可以由复杂变得简单起来。

因为我是威教授"逻辑手术刀"的多次受益者，因此，愿把自己的笔记和体会奉献出来，以飨大家。至于威教授大逻辑观的其他示范，恕不能在此一一述及。

第二篇 "威逻辑"教授言如破竹

问题集：

{逻辑怎样走出逻辑王国？逻辑怎样显示自己的生命力？逻辑怎样调节人际关系？逻辑怎样使人心悦诚服？逻辑怎样成为人生武器？逻辑怎样使人唇枪舌剑？逻辑怎样治口吃？逻辑怎样打赢官司？逻辑怎样制服小顽童？逻辑怎样调教刁保姆？……？……？}

问题解:

§8 "威逻辑"为"吴物理"治口吃

(弟子 H 的来稿)

B君,你还记得吗,母校历届学子中传闻着威逻辑的许多逸事,我们最先听到的就是"威逻辑帮'吴物理'治口吃,从此'呜……呜……哩'一泻千里。"

物理学院人称"吴物理"的吴正才教授,那真算得上是一个物理高手。他不仅在理论物理方面很有造诣,而且对太阳能的开发性研究成果累累,有好几项发明专利,是个实打实的物理能源专家。美中不足的是,"吴物理"说话口吃,连说他最熟悉的"物理学"都常常说成"物……物……理",加上他姓"吴",调皮的学生在暗地里就叫他"呜……呜……哩(吴物理)"。这个绰号虽无多大的恶意,但是威逻辑听见了却另有一番思考。她与"吴物理"订立了"三月合同",三个月后,"吴物理"突然出现了奇迹,不仅仅不再口吃,而且说话之连贯流利,简直就变成"一泻千里"了。

威逻辑为"吴物理"矫正口吃的前提有三:

1. 连续三个月暂不讲课,白天专心搞太阳能研究,晚上专心进入威逻辑指定的程序。

2. 耐耐心心接受威教授的治疗辅导。

3. 认认真真完成威教授的逻辑训练。

威逻辑为"吴物理"矫正口吃的逻辑秘方也有三:

秘方一:第一个月的每晚,欣赏性唱读唐诗300首。完成威教授的逻辑训练一。

秘方二:第二个月的每晚,理解性诵读哲学和逻辑学词典。完成威教授的逻辑训练二。

秘方三:第三个月的每晚,表演性朗读莎士比亚悲、喜剧。完成威教授的逻辑训练三。

乍一看秘方,见不出深奥,也悟不出逻辑。但是秘方的逻辑奥秘潜在于它是思维与表达深层关系的有效演绎,这种演绎的实际操作就是威教授独特的逻辑训练,而威教授独特的逻辑训练最终产生了令人惊叹的实际效果。

逻辑秘方一的实践程序是,在第一个月里,威教授每天晚上给"吴物理"指定5首唐诗,从童谣式的"一去二三里,烟村四五家,楼台六七座,八九十枝花",到荡气回肠的陈子昂《登幽州台歌》:"前不见古人,后不见来者,念天地之悠悠,独怆然而涕下",威逻辑把唱读教材编排得循序渐进又饶然有趣。而"吴物理"每天晚上就按规定反复唱读威逻辑指定的那5首唐诗,并且在威逻辑的面授与督促下,唱读的节奏不断加快。由开始时每个字读3—5秒的拖腔唱读,渐渐过渡到每个字读1秒的快板式顿读。威逻辑还规定,"吴物理"每天的日常用语必须用短句子,每句话不能超过10个字。一个月下来,"吴物理"的口吃几乎消失了,连"吴物理"的家人都说,威逻辑一定有某种魔法,不然不可能在一个月里就把"吴物理"几十年的口吃给治了。

经过威逻辑轻描淡写地一番解释,人们才明白了"秘方一"的逻辑奥秘。

威逻辑说,口吃者并非是生理上的发音器官发生毛病,否则就根本不能发出清晰的语音了。口吃者不过是表达时语词的间隔节奏发生一些阻断,而这种阻断的根子是思维与表达的瞬间错位。因此,纠正口吃必须在思维与表达的关系方面作文章。

威逻辑进一步解释,让"吴物理"唱读训练的逻辑基础是:人们的口头表达是依靠一个个音节的发音,而且,人们在头脑中的无声思维,其实仍然是依赖一个个音节进行，在这一点上，符号学家索绪尔把文字符号分解为"能指（音响）"与"所指（概念）"非常深刻。索绪尔所揭示的是：表达每个语词所发出来的音节，都是由"音响"和"概念"整合而成的。"音响"是语言层面，"概念"是逻辑层面。人们口头表达时，本来应该"音响"与"概念"同步，那就不会出现"口吃"现象，而如果"音响"与"概念"稍微有一点错位，就表现出"口吃"了。由于这个原因，经常"口吃"的人，并非不善于思考，而往往是更爱思考的人；也由于这个原因，任何人都会在某个时刻有过"口吃"现象，故有些书又把"口吃"称为"语迟"。原来，威教授是根据思维与表达之间逻辑关系的最基本原理来治疗口吃的。威教授说，知道了"口吃"的逻辑根由，只要对症设计出周密的逻辑训练，任何人的"口吃"都是可以纠正的。

威逻辑说，对"吴物理"第一个月的逻辑训练，就是让他在训练"拖腔"唱读唐诗时，有足够的时间使"音响"与"概念"的整合不错位，而一经熟悉每首唐诗中各个语词特定的"音响"与"概念"的瞬间整合，再加上节奏不断提速的"顿腔"来唱读唐诗，那么，当看见表达该"音响"的相应字样时，该音节的"音响"就会脱口而出，"口吃"也就不见了。然而，对于"口吃"较重和"口吃"时间较长者，仅仅这样的逻辑训练是不够的，因为唐诗的诗句短小，经过欣赏性的、节奏由慢至快的训练，可以很快熟悉其每个音节的"音响"与"概念"的整合，加之诗歌承载的是形象思维，"音响"之间又有押韵联系，在欣赏性的唱读中容易提头知尾地联想；而日常口语因为"吴物理"已经十二分熟悉，威逻辑还规定把其斩断成为10字以内的短句，那当然可以避免捉襟见肘。但是，第一个月逻辑训练使吴物理对诗歌话语和日常短话不"口吃"，并不等于对其他话语也不"口吃"。于是，威逻辑又对"吴物理"使用了第二秘方。

"第二个逻辑秘方"的实践程序：在第二个月里，威逻辑把自己那城砖厚的两大本哲学辞典和逻辑学辞典拿到"吴物理"家，要求"吴物理"保证做到：每天晚上按照编排好的词条顺序，理解性地反复诵读哲学辞典和逻辑学辞典的各5个词条，每个词条至少连续诵读5遍。诵读的逻辑要领是：读词条时，每读完一个句子就停顿3秒；每读完一个词条就用3分钟思考；然后，再回头重读该词条，直至读够5遍，才可以去诵读另外的词条。

听到威逻辑给"吴物理"纠正口吃的第二个秘方，许多人不理解，连号称"南天第一嘴"的秦教授都说,真是古怪!我这个专门教普通话20年的老汉语,也帮助过几个学生矫正口吃,但推荐朗读的材料都是成篇的文章,从没有听说过诵读辞典的,而且还是读的哲学和逻辑学辞典。可威逻辑却宽容地笑笑说,条条大道通罗马,殊途同归嘛!威逻辑后来解释,人们的口头表达其实受控于逻辑层面,即流利的口头表达其实要以思维有逻辑条理为必要条件,这个原理的证明很简单,因为我们大家都会有过这样的体会:有时候,想清楚了的事情还不一定说得清楚,但是,如果连想都想不清楚的事情,那就根本不可能说清楚了。出现"口吃"的人,其实往往是急于表达,那就等于是想让表达思想的语言抢在思维前面出口,是一种"抢讲",当然就会出现"音响"与"概念"的瞬间错位,即出现"口吃"了。在"口吃"者那里,这样的"抢讲"已经形成一种习惯,要想彻底纠正"口吃",就必须彻底纠正这种"抢讲"习惯。为"吴物理"设计朗读与停顿参半的理解性读辞典,而且是朗读哲学辞典和逻辑学辞典,就是要让他想着讲,讲着想,而不是按照老习惯去"抢着讲"。只要认真坚持一段时间,慢慢就可以改变"抢讲"的习惯。最关键的是,训练"想着讲"和"讲着想",可以在讲话前和讲话中都注意理顺逻辑条理,从而能够比较有效地纠正"口吃"。

果然,第二个月下来,"吴物理"变得伶牙俐齿自不必说,他还逢人便讲:"我都快变成哲学家和逻辑学家了。"

"第三个逻辑秘方"的实践更有意思:威逻辑叫"吴物理"每天晚上完整地朗读一部莎士比亚的喜剧或者悲剧,而且要表演性地、有激情地朗读,如果能够有亲友的配合就更好。这一下可热闹了。"吴物理"是全家总动员,隔壁邻居也过来友情客串,每天晚上都在"吴物理"家上演一出莎士比亚戏剧,开始几天,威逻辑规定"吴物理"只充当剧本中的某一个角色,以后就逐渐到充当两个——三个——四个——所有角色。这一个月来,理科大院成了大戏台,晚上是大人们在"吴物理"家演戏,白天是孩子们在院子里演戏,出出进进老是听到什么李尔王、奥赛罗、罗密欧……

第三个月下来,受益最多的当然还是"吴物理",他不仅一点没有"口吃"的痕迹,而且一开口就出语惊人,要么是哲学和逻辑味十足的"一方面……另一方面";要么是诗意盎然的"春眠不觉晓"、"一行白鹭上青天";连哈姆雷特的有些台词,也会不经意地从"吴物理"口中侃侃而出。

当"吴物理"重登讲台时,人人都说"吴物理"变了,变得潇洒、幽默,有时候甚至是出口成章,一泻千里。

而每逢人们询问威逻辑,"吴物理"的"口吃"是否彻底治好了时,威逻辑满怀信心地说,应该说没问题。因为造成"口吃"的最深层原因是情绪干扰理智,归根到底是心理承受能力问题,是感情激动冲击了思维的逻辑条理。人们说的"激动忘词",表面上看,似乎是想不起应该说的话语,其实是激动混乱了思维的逻辑条理,甚至是激动得暂时停止了思维,使人觉得"脑子里一片空白"。如果善于控制自己的情绪,增强自己的心理承受能力,能够训练到了"处变不惊,处乱不急"的境地,那么,就能够在任何情况下侃侃而谈,自然也就不会口吃了。治口吃的第三个逻辑秘方,就是为了提高"吴物理"的心理承受能力。经过第三个月的戏剧表演训练,让"吴物理"不断变换角色,使他在思维能力和表达能力的两个方面都经受了剧本中多种激情的考验,而剧本中的那些激情,由于都有精彩的台词宣泄,就可以水到渠成地疏通、释放。从思维与表达的角度看,剧本中的感性与理性,情感与思想,情节与情绪,概念与音节,命题与语句等,已经各自有机地融为一体了。"吴物理"在反复朗读莎士比亚戏剧台词的训练中,不知不觉就慢慢调整好了心理应变机制,大大提高了对多种激情的承受能力。你想,连莎士比亚那些剧烈的戏剧冲突和激情冲击都能够承受,那么,教学过程和日常生活中较平和的情绪变化,自然就能运用自如,不会出现"口吃"了。

听了威逻辑的一番解说,大家这才明白,威逻辑能够治好"吴物理"的口吃,乃是她为"吴物理"精心设计逻辑程序的必然性结果。当然,人们在惊叹"吴物理"由"口吃"变为"一泻千里"的同时,更多的是感慨威逻辑的"逻辑治疗口吃"。都说"强师出高徒",威逻辑自己就是言如破竹,经她精心调教的弟子能够一泻千里也就不足为怪了。

我在想,以后我要是遇到"口吃"者,我一定会效仿威教授,为他进行逻辑治疗,因为,我已从威教授的理论和实践中明白了治疗"口吃"的逻辑原理。

逻辑时空 | 校园逻辑

§9 "威逻辑"修"花大侃"长舌辞

(弟子 J 来稿)

威逻辑教授在全校广大师生眼里德高望重,这不仅由于她学识渊博,逻辑学造诣很深,而且也由于她既有维护真理,敢于声张正义的高尚品格,又有待人诚恳,助人为乐的实际行动。她是那样急人所急,忙人所忙。只要有问题反映到她那里,她就绝不会视若不见,听若不闻,而是一定会运用逻辑智慧帮忙解决问题。

我还记得,有一天下课时,我在威逻辑面前无意中说出了"天不怕地不怕,就怕花大侃说废话"!威逻辑马上笑着询问:

"是不是我上节课讲了些多余的话?"

"没有,没有,您从不多讲话,更不讲废话。"

"我们是说花老师很喜欢讲话。"

"您可别告诉他,他喜欢讲,我们可不喜欢听。""……"同学们七嘴八舌地说。

"是教近代史的花老师吗?"

"是啊,我们都叫他'花大侃'。"

"不该这样给老师取诨名。"威逻辑纠正着。

"这是客气的,有的同学直接就叫他'花罗嗦''罗嗦花'呢!"

"还说他'不愧姓花,哇啦哇啦'!"

"……"

在同学们哄笑之后,威逻辑若有所思,接着竟又胸有成竹地说:

"你们以后会喜欢听花老师讲课的。"

原来,威逻辑早就听到过一些关于花老师讲课罗嗦的不良反映,并且,从刚才听到花老师诨名的那一刻起,威逻辑就已经决定要帮花老师告别罗嗦了。

一周以后,正置期中教学检查,教师同行要互相听课评估,作为学院教学委员的威逻辑,就主动与花老师约定互相轮换听课。

不听不知道,一听吓一跳。花老师可真能侃,一上课他就开始点名,每

70

个名字他都能够即兴发挥一通。

　　点到"李佐邦",他说:"你爹妈对你期望很大嘛,巴望你长大后成为辅君佐国的栋梁之材,所谓'出将入相'哟。不过呢,这个名字;说好听点儿是'志向远大',说难听点儿就是'野心不小'喽……"(学生们一阵哄笑)

　　点到"花锦湘",他则说:"你也姓花?那么,我们500年前是一家啦!可是,你的这个名字不好,不好。……太不好啦。你想想,多么罗嗦,'花'本来就能够显示'锦绣'嘛,你还又花又锦的,这不是重复加罗嗦吗?还有'香',直接叫'花香'不就得了……""老师,我是'湘江'的'湘',不是'香臭'的'香',我出生湖南,我爸爸妈妈是希望我能够为湖南尽力添加一些光彩,这错了吗?……"

威逻辑眼见师生之间要发生不必要的冲突了。赶紧在后面做手势向花老师示意"打住",花老师方才中途停止了点名,而课时都已经过去了20多分钟了。那一节课,花老师讲的是不平等条约"中日马关条约",但是仅仅只讲清楚了该条约之所以要叫"中日马关条约",是因为这是由"中国""日本"两个国家在日本的"马关"这个地方签订的。其他的话全是即兴发挥地或演绎或调侃或反复,真正涉及学科知识的信息量反而很少。

课后,学生们围绕着威逻辑叽叽喳喳地历数花老师的"长舌头话",威逻辑压低声音说:"你们别着急,花老师是我们学院外聘的年轻教师,教学经验可能少点儿,但他的知识是很丰富的,他读硕士时的成绩很好呢。你们放心,相信你们很快就会喜欢花老师的。"

果然,此后的第二次课,花老师的"长舌头"似乎突然缩短了,第三次课又明显缩短一点儿,第四次、第五次……到第八次课,花老师竟然象换了脑袋和口舌似的,讲课的内容丰富而话语简洁,史料翔实而条理清晰。课堂上,同学们在一次次惊叹花老师的巨大变化时,都忍不住要回头看一眼坐在后面听课的威逻辑,同学们心里明白,花老师的"长舌头"一定是威逻辑帮忙修理后缩短的。

过了一段时间,才慢慢传出来"威逻辑两个月重塑新'花'"的故事。我和小D、小G几个人当时就把听到的传说整理出来,我还保管着底稿,现在交给你B君正合适。

威逻辑怎么能够在两个月就重新塑造出一个崭新的花老师呢?

原来,威逻辑从逻辑思路和行为方式两个方面对花老师进行了全面帮助。

从行为方式上说,威逻辑做了大量的工作——威逻辑连续两个月与花老师互相听课,每次听了花老师的课,威逻辑都实事求是地进行一番好处多说好,坏处少说坏的评价,使花老师频频点头,心服口服。每逢轮到花老师听威逻辑的课,威逻辑就要更加精心备课,更加精彩讲课,让花老师直接看到——课堂上的威逻辑如何炉火纯青地控制知识信息的科学性、准确性、丰富性、生动性之间的比例关系和操作分寸,如何把课堂教学组织得热烈而又镇定,活泼而又严肃。课后,威逻辑又总是诚恳认真地回答花老师的各种询问,教学大楼里常常可见他们一起研讨的身影。经过这样来来去去的八次互相听课、评课、研课的教研过程,威逻辑的言传身教使花老师深受启发,眼界大开。花老师与威逻辑结成了忘年交。更辉煌的成果是:两个月后,花老师的"长舌头"修理到了最佳状态,其"罗嗦花"的绰号也在我们那一届终止了。

从逻辑思路方面,威教授使用了三招逻辑术,即:威逻辑用最温和又最到位的话语指出了花老师的逻辑弊病;又用最诚恳的态度帮助花老师构建了课堂教学的最优逻辑框架;还用最婉转的方式循序渐进地向花老师灌输了逻辑语用学的精髓。

首先,威逻辑循循善诱地帮助花老师认识到其自身的逻辑弊病——逻辑选择失误,教学重心偏离。

据说,第一次互相听课之后,威逻辑与花老师一起讨论的是:

"教师讲课时应该特别注意的是课程信息的科学性、准确性,还是丰富性、生动性或者别的什么性。"

花老师的观点是:"教师讲课的科学性是不言而喻的,因为教师一般是不会在课堂上去讲反科学或伪科学的,因此,教师讲课最主要的是突出丰富性和生动性。只有讲课很丰富、很生动,学生才能接受你的科学性。"

威逻辑听了,只用下面委婉的一席话,就把花老师的偏激观念纠正过来了。

"花老师原来是这样想的,那么花老师你真是实践了你自己的主

逻辑时空 | **校园逻辑**

张,你的课确实讲得丰富多彩,你信手拈来就是旁征博引,几乎每句话都有展开。讲课注意丰富性和生动性并无大错,因为课程信息的科学性、准确性、丰富性、生动性都是讲课优秀的必要条件,缺一不可,而且这些选项之间彼此是相容关系。但是,我们现在讨论的是应该'特别注意'什么,这就要求我们必须从这四个选项中挑选出最重要的、最主要的一项,而这个项就只应该是'科学性',因为我们各级学校的教育宗旨都是传播科学信息,普及科学知识,进而提高学生的文化水平和知识能力。若把最重要最主要的关注项选定为丰富性或生动性,乍一看,错不到哪里去,可是实际上的教学效果就与教学要求差了去了。简单点说,丰富性和生动性都是模糊概念,其标准与程度都没有明确界限,当我们把它列为讲课最主要的目标去追求时,它就一定会与科学性、准确性争夺我们的时间和精力,结果,势必在有限时间内把课程的科学性及准确性排挤到次要地位去了。我不懂历史学科,但以前做学生时听历史课或者读历史书时,都能感觉到历史是一门最丰富的学科,老师从任何一点都可以生发演绎出一堆堆的故事。好在我碰到的几个历史老师都很优秀,他们不是停留在大量的史料上,而是在讲课中用历史唯物主义的科学理念恰到好处地驾驭着史料,在年复一年的历史教学中游刃有余地引导我们既弄清楚了历史的线索和概貌,又潜移默化地培养了我们的历史唯物主义观念,教给了我们一些历史学的方法,比如史料考据法等。"

威逻辑的上述话语,做思想工作的辅导员们可能认为是"针对性较强的一次谈话",但对于我们刚刚跟威教授学习了逻辑的弟子来说,我们从中已经看到了威逻辑巧妙使用了"相容选言推理"所做的"最优选择"。我们不会忘记讲相容选言推理的那节课,威逻辑在反复强调了"作为结论为必然性的'相容选言推理',逻辑只承认它仅仅有一个有效的推理形式'否定—肯定'式",又说但在实际的运用中,我们应该考虑"相容选言推理"运用于"好中择优"或说"最优选择"的特殊情形——有时候,相容选言命题的几个已知选项是我们能够确认的某事物的一组必要条件,那么,此时这几个选项是彼此相容的,可以同真的,其中的每个选项对于相应的某个事物都是必不可少的,但是,它们之间又是有差异的,譬如,有主、次之分,有轻、重之分,有内因、外因之别等。当着我们要强调这几个必要条件中最主要或当时最急需关注的某个选项时,就处于必须从全部同真的相容选项中进行选择,比如需要"好中择优"或说"最优选择"时,就需要我们根据即时的某种特定标准从若干选项中挑选出一个或者几个选项。一旦挑定,可以说是暂时完成了一个相容选言推理。但是,经过"择优"后未被选取的那些选肢,乍看是被"否定"了,可这时的"否定"并非咬定其必然"不真""不好""不行",而只是在某个附加标准下划为另一个层次而已。接着,威逻辑结合高考、考研中水涨船高的"择优录取"和许多高校试行的"末位淘汰",要我们正确对待入选与落选。那时我们学校也在搞"末位淘汰",威逻辑虽然不赞成,但她还是用逻辑的理智来开导我们,帮助我们减轻心理压力。因此,我们在听到威逻辑对花老师既肯定其讲课的"丰富性、生动性"是必要的同时,又启发花老师要特别体现讲课的"科学性、准确性",就明白了威教授的逻辑思路是涉及了必要条件和相容选言推理的综合运用。

不仅如此,威逻辑引导花老师要在讲课时注意突出科学性、准确性的那段话,还是一个思路循着逻辑—哲学—逻辑—实践的简明论证。它先是在逻辑层面上强调了讲好课的科学性、准确性、丰富性、生动性这几个必要条件都必不可少;接着又在哲学层面上用"两点论"及重点论强调了几个必要条件之间有轻重缓急的层次之别,应该特别注重保证科学性;在此基础上及时回到逻辑层面上的对"相容析取"的择优选择,最后以自己从前感受过的优秀历史老师形象积极暗示花老师今后的努力方向。这样不温不火、不急不慢的款款而谈,让听者细细品味,静静思量。而花老师品味和思量的结果,必然会接受威逻辑的意见并主动调整教学偏误,因为花老师毕竟是愿意把历史课讲成优秀课的年轻教师。威逻辑正是由于相信花老师有敬业精神和提高教学质量的良好愿望,所以第一次评课就讨论了优秀课堂教学的最主要因素,并在推心置腹的交谈中震动了花老师,致使第一次交流初见成效。

……

其次,威逻辑用最诚恳的态度,帮助花老师构建了操作性很强的课堂教学最优逻辑框架,使其能够从课堂的逻辑结构方面很快地顺利调整原来的教学理念。

经过上面的讨论,花老师明确了在课堂教学中应该特别注重突出知识信息的科学性、准确性,但这不过是解决了认识问题,而教学过程的真正改进是需要"知"和"行"并进的。对此，威逻辑自然不会中途撒手，因为威逻辑第二次听花老师的课时已经发现，花老师注意克服了单纯突出丰富性和生动性的偏误时，又走向了另一偏误——完全排斥丰富性和生动性，只生巴巴地讲几个干条条。那天讲的是《中日马关条约》的具体条款，花老师几乎就是照本宣科地一条条读完了事。课堂上"无关的话"是没有了，但是应该适当展开分析的"有关的话"也没有了。下课后威逻辑笑问花老师：

"小花老师，我们上次的讨论影响情绪了吧？是不是有点不高兴啦？"

"哪里，哪里！我知道您是为我好，我很高兴能得到您的帮助。只是我正处在旧的已经去了，新的还没有来的'青黄不接'阶段，一时还没有调整过来。"花老师连忙解释。

"噢！是这样啊！走，到我办公室喝杯茶，我们聊聊。"

于是，威逻辑就在办公室里为花老师讲解了课堂教学的逻辑框架——明确逻辑指向；突出逻辑重点；讲清逻辑因果；点明逻辑视域。威逻辑还耐心做了以下阐释。

讲课的"逻辑指向"，是指要针对听课对象。听课对象是讲课入门的第一参数，弄清听课对象的学历层次、文化背景、认知水平、知识需求等，是我们教师的首要任务。同样的一门近代史课程，可以给中、小学生讲，也可以给大学生讲，同一门课程对不同学历要有不同对待。同时，同一门课程对同一学历的不同专业也要不同处理。同样是给大学生讲，给历史专业、语言文学专业、法律专业等不同对象讲，也要有不同考虑。你给我们文学院的大学生讲课，就要注意给予他们史实中一些思考性的东西，否则他们就以为你把他们当成中、小学生了。因此，区别听课对象是讲好课的第一逻辑要素。明白这一点，在讲课时要体现，在备课时也要体现。

讲课的"逻辑重点"，是每节课的主题，是课堂教学的灵魂。一定要根据所教课程的学科重点及其教学大纲来精心设计。比方学科的基本范畴、基本原理、基本规律、主要方法等学理性知识，都应该作为课堂讲授的逻辑重点。一般来说，每节课只适宜安排突出一个逻辑重点，比方，你正在讲《中日马关条约》就应该突出该条约的"丧权辱国"实质，要在讲该条约的方方面面时都突出其"丧权辱国"，以唤起学生的思国耻之恨和雪国耻之心,应该在课堂上使这个重点鲜明突出。每节课的逻辑重点讲清楚了,学生就能够明白关键,掌握要领,课堂的信息量就有价值。

讲课的"逻辑因果",是每节课的主体部分,是支撑"逻辑重点"的根据和思路,是一些具体的知识点集合和论证。无论文科、理科,每门课程所属学科的学理即讲课的"逻辑重点",总要有个来龙去脉,讲清楚学理的来龙去脉、前因后果,就是体现了课堂教学的逻辑因果。比方,你讲《中日马关条约》的逻辑重点是突出该条约的"丧权辱国"实质,那就要结合史料,在讲该条约的国际、国内背景,该条约的签定过程,该条约的具体条款,该条约将给祖国带来的祸害,该条约签定后的民众反响等每个方面时,都要讲清楚其是如何"丧权"、如何"辱国"的。

讲课的"逻辑视域",是讲课的立场、视角、观察点。教师可以明白地告诉学生,也可以不必明讲,但是教师自己却一定要心里明白,而且要在备课时就要选好每节课的逻辑视角。比方,你在讲《中日马关条约》时,就是站在历史唯物主义的高度,站在清政府的对立面,站在一个批判者的角度,对《中日马关条约》及腐败的清统治者持否定态度。你只要在备课和讲课中始终保持这样的逻辑视角,那么,无论你是否用语言明白告诉学生,他们都会从你的观点、分析、叙述中体会出来的。

"太好了,太好了!真是听君一席话,胜读十年书啊!"威逻辑话一完,花老师就迫不及待地欢呼起来。

"我在本科和读硕士时都学历史专业,没有学过逻辑学,您现在是给我补上了这门课,以后我要拜你为师,继续学习逻辑。"

"我们共同学习,一起探讨吧。"威逻辑也很高兴这个年轻教师的虚心好学。

……

再次,威逻辑用最巧妙的方式循序渐进地向花老师灌输了逻辑语用学的精髓,从根本上帮助他调整易生偏误的思维与表达。

威逻辑与花老师互相听课,反复切磋,一个是虚心求教,一个是耐心指导。每次探课后的评课时,威逻辑都是在不知不觉之间,用体会式的语言,把逻辑语用学的精髓点点滴滴地灌输给了花老师。一个月后,威逻辑问道:

"小花,现在你觉得讲课的话语讲到什么程度才算合适?"

"这个,我说不好。该讲的讲,不该讲的不讲呗。"

"回答机智。加10分!下一个问题是:哪些是该讲的话呢?"

"那就是您说的课程中关于逻辑重点、逻辑因果的话喽。"

"回答巧妙。再加10分!再下一个问题是:如果要把这个原则告诉没有接触过逻辑重点、逻辑因果这些说法的人,应该怎么'一言以蔽之'地讲清楚呢?"

"那,那还是用我的第一个回答可以凑合吧?"

"小狡猾!'凑合'是可以,但'准确'却差远了。因为它必然要引出来一个追问'应该和不应该'的标准是什么?你不是还得去牵涉逻辑重点、逻辑因果的解释吗?"

"这,我是'黔驴技穷'了,您告诉我答案吧!"

"没有唯一答案。我们都可以继续探索。其实,无论是讲课还是其他场合的讲话,都应该遵循这样一个原则:'围绕主题简练地讲清楚真话'。"

"妙!妙!又简单又明白。'围绕主题''简练地''讲清楚''真话',这些都是人们的常识,不用解释就能理解。真个'姜是老的辣'!"

"这不是我的功劳,这是逻辑语用学家格赖斯研究出来的会话合作原则,我不过是把它们'一言以蔽之'地概括在一句话里罢了。"

接着,威逻辑简要讲解了格赖斯会话合作原则所包含的四条准则:

(1)量的准则——会话中所提供的信息的量刚好满足需要,不多也不少;

(2)质的准则——所说的话应是有证据的真话,不说自己认为虚假的话;

(3)相关准则——所说的话是与彼此认可的话题相关的;

(4)方式准则——清楚、明白地说出要说的话,话语要简练、有条理,避免晦涩和歧义。威逻辑强调,讲课过程其实是老师与学生交流对话的过程,因此,说到底应该遵循会话准则,"简练是才能的姐妹",教师是教学的主导和示范,当然也应该在讲课的简练话语方面也为人师表了。

"威教授,您真是用心良苦啊,您用您的教学实践和相关理论全方位地开导我,启示我,我现在是从多个方面,多个角度明白了自己讲课话语的啰嗦、重复，无论是从内容还是形式方面都有损教学质量，我一定要从思想上、理论上、方法上、行动上，彻底洗心革面，努力钻研学科知识、灵活运用逻辑方法、认真遵循语用原则。您等着看一个新的花老师出现在地平线上吧！"

"鼓掌！鼓掌！教育界又有一朵新花要绽放了。"威逻辑一面说一面鼓掌。

"嗨，什么新花？我是男老师，应该是新树，新铁，新钢……"

"还是说'新星'好哦！"我们这些在门外偷听的调皮鬼终于忍不住插话了。

逻辑时空 | 校园逻辑

§10 "威逻辑"帮"陈历史"打官司

(弟子 K 来稿)

威教授很有职业的逻辑敏感,她对于身边的逻辑问题很容易发现并且总是力图去解决它,哪怕是不熟悉的人遇到了逻辑问题,只要威教授知道了,就会主动去帮助,这使威教授的人缘很好。

威教授是个兼职律师,但同时也常常是高档次的免费的义务律师,她总是心甘情愿地为弱势群体提供法律援助,和谐地把法律、逻辑、智慧与人性关爱有机融合,在维护法律尊严的惩恶扬善事业中屡建奇功。

威教授帮"陈历史"打官司是在 1995 年的夏天。

"陈历史"是历史系的陈有鉴教授,因为教了 30 年历史,对中国古代史了如指掌,故学生们称之为"陈历史"。"陈历史"有个聪明美丽又非常可爱的小孙女陈苗苗,苗苗的妈妈是西山区医院食堂的膳食管理员。1994 年秋天的一个下午,该医院一个已怀孕 5 个月的护士李丽要进食堂灶间蒸一盒她爱吃的松糕,为了借用苗苗妈妈的面子,就牵着 5 岁的小苗苗进了灶间。当时,炊事员正从铁锅里舀出一大桶滚烫的开水,还特别提醒李丽"小心开水!"李丽因为急着要把自己待蒸的松糕放进蒸笼,不知怎么搞的,一屁股就把小苗苗撞进开水桶里去了。说时迟那时快,等炊事员听到小苗苗的惨叫,跑过去把孩子从开水桶捞出来时,小苗苗左肩和左胸的细皮嫩肉已经烫得快熟了……。不幸中的大幸是,烫伤惨剧发生在医院,医护人员迅速跑来,院长马上安排救护车送苗苗到专业烧伤医院,并且亲自在救护车上为苗苗做了创面处理。

惨剧发生后,凡闻者无不心疼苗苗,纷纷前来探视慰问。然而,惨剧的制造者李丽,却不知出于什么心态,一直没有露面,还干脆请假不上班,说是受了惊吓,有流产征兆。李丽对苗苗的冷漠,使人们很愤怒,纷纷主张把李丽告上民事法庭,要她承担苗苗的一切医疗费用和精神损失费。而苗苗的父母和"陈历史",却以君子风度劝解众人:"李丽也不是故意的,她现在身怀六甲,有诸多难处。我们的当务之急是医治苗苗,其他事情可以缓一步解决"。善良的"陈历史"们没想到的是:受伤的这一方,苗苗在医院治疗了4个月,由于局部烫伤太重,医生说要在10年里经过3—4次植皮才能有30%的皮肤恢复原状,每次植皮的费用最少需付3万元;而肇事的那一方,李丽却到外地生孩子去了,当苗苗父母拿着第一笔付出的3万多元医疗费用单据,去与李丽家人商量各付1/2时,李丽家人竟然异口同声地说:"你们的孩子烫伤与我们毫无关系,凭什么要我们付医疗费?"这一下,有君子风度的"陈历史"们傻眼了。他们一点儿没想到,肇事者公然会昧着良心把罪责一推六二五,他们更万万没想到,就在善良的"陈历史"们忙着抢救和医治小苗苗的那段时间,李丽们忙的却是设计推卸责任,李丽们威逼和利诱案发现场唯一的见证人临时工炊事员,又四处放出话来:"苗苗说谁撞了她,这不算数,娃娃不能做证人。""临时工没有资格做证人"。"临时工说是他从桶里拉起苗苗,说不定就是他把苗苗推下去的呢"……了解到这些情况,"陈历史"们如梦初醒,想起用法律保护,这才向有关方面请求立案,并且按照立案程序去寻找证据。三个月的事过境迁,虽然费尽周折去取证,但最终由于唯一直接证人的证词含混,"陈历史"们的诉讼直到1995的春天都因证据不足而没有立案。

威教授听说了这桩有理无处说、有冤无处申的怪案,就主动找到"陈历史",第一句话就说:"你们遇到的是无赖,演绎了古人说的'君子可欺以方'呀!"然后,威逻辑承诺,要免费为小苗苗当律师,用逻辑来援助受害者打赢官司。果然,威逻辑教授亲自出马相助,用了三个回合,到1995年夏天,就打赢了官司,在法律上为小苗苗讨回了公道。而我们在旁听中也学到了许多鲜活的逻辑。

第一回合——巧驳肇事者的"幼童被烫,与己无关"的推脱之辞

威教授听了"陈历史"的叙述,明白第一个关键问题是获得证据,因为法律要求"谁主张谁取证"。而要取得真实可靠的证据,就要说服唯一的见证人炊事员敢于说出真相。因此,威逻辑设计并及时进入了第一程序。

第一回合之一:威逻辑巧用语用原理取证。

  威逻辑:(1)谢谢你当时救了小苗苗!
  炊事员:那是应该的,别人在场也会救的。
  威逻辑:(2)那不一定,李丽也在现场,她不仅没有救助苗苗,反而想嫁祸于你呢。
  炊事员:人与人不一样嘛,好人有时也难当!……也许她当时吓傻了。

威逻辑:(3)你真善良,把人总往好处想。当时你的位置是不是这样的——(威逻辑有意错指了炊事员也能把小苗苗撞进开水桶的一个位置)

炊事员:不!不!不!不是这样。我在面对开水桶有3米多的地方……(然后,炊事员情不自禁地讲述了当时的真实情况)

威逻辑:(4)你看,我把当时你们三个人的位置画出这个平面图,又替你把刚才你说的话记录下来,你听我念完,有不对的地方请指出来,我马上改正。

炊事员认真听威逻辑教授念完,又认真看了平面图,同意签字。

威逻辑:(5)谢谢你的合作!其实你是凭天良讲真话,你是用你的正义感支持受害者,也是用你的勇敢捍卫法律的尊严。我相信,如果法庭需要你出庭做证,你也会站出来的。

炊事员:可是他们说,临时工出来作证不算数呀!

威逻辑:(6)那是他们故意瞎编出来阻止你的,他们害怕事实,也就害怕你。你用不着怕他们,法律保护敢于讲真话的证人。

事后,我们请求威逻辑为我们讲解:与炊事员过招中她那6句话的逻辑思路及所涉及的逻辑语用学原理,她何以能够用几句话就取得了证据。她欣然应允,耐心为我们讲解。

原来是这样:威逻辑的话语(1),是表示诚意的致谢,对帮助过你的人应该怀有真诚的感恩心情(这里用到的真诚,就是逻辑语用学家格赖斯会话合作原则之要旨:"质的准则"——不讲自己认为虚假的话)。这是谈话可以继续下去的重要前提。如果一开始就急于求成地请求对方出来作证,那就功利性太强,很不近人情,不容易为对方接受。"陈历史"们之所以在前期只拿到一份比较含混的证词,就是因为先是忙于给小苗苗治疗,没有注意取证,也没有来得及向救了苗苗的炊事员道谢。而后来急于打官司,向炊事员取证时又开门见山地直奔主题,让人不是那么心情愉快。当然,这只是按常情推断,但是不排除这种可能性。因此要在新的对话一开始时,就把前期取证的失误弥补过来。果然,这次就很顺利地引导炊事员说出了谦虚的话,说他自己的行为很一般,说别人也会做。这就为下面的继续对话创造了良好气氛。

威逻辑的话语(2),是接着炊事员的话头顺势转换话题,委婉地提醒炊事员——要有明确的是非观念,不仅要帮助当时的小苗苗,也要看清楚不讲道义和良心的李丽们,以唤起他的正义感。这一点转折很重要,是引导炊事员在理性的层面思考和对话,不应该回避事实真相。这个努力没有白费,炊事员颇有感触。但是由于善良,炊事员又善意地解释了李丽们的冷漠(当时吓傻了)。若接着这个话题,那就得绕许多弯子都回不到正题了。因此下面的话必须很策略。

威逻辑的话语(3),是在肯定炊事员心地善良的基础上,话锋斜转一下,故意说出一个能使炊事员涉嫌肇事的错误现场,这对于在现场知真情的人是没法接受的,因而很自然地会引发炊事员本能地要纠正错误说法。这是精巧地运用了格赖斯会话合作原则的"数量准则(避免说冗余信息)",既把握住对话的主动权,而又不使对方以为是受盘问或被控制。事实证明这个转折是很成功的,那要感谢炊事员自觉或不自觉地遵守了格赖斯会话合作原则的"关系准则(说话要有关联)",于是他才自觉自愿地说出了真相。

威逻辑的话语(4),是对话语(3)成果的确认和加固。"陈历史"们前期拿到的含混证词,是苗苗的妈妈边问边记录而成的,那样的取证方式易使对方产生戒备防范心理,同时又使对方的思维难以连贯,把咯咯吱吱的话语记录下来,不含混才怪!记录证人的叙述,应该是捕捉涉及案情的逻辑重点,弄清楚事件过程的逻辑因果,能够不违背事实地把证人想说而没有说清楚的话整理得有条有理,证人才会欣然接受。这就应该遵守格赖斯会话合作原则的"方式准则(要清晰、无歧义、简短、有序)"。

威逻辑的话语(5),是在真诚感谢和赞赏的基础上委婉地请求对方出庭作证,对方既然已经认可了现场当事人的位置平面图及案情记录,也就逻辑地认可了出庭做证,但由于肇事者在前期散布的种种恐吓流言,证人有顾虑,这也在情理之中,因此需要鼓励证人。

威逻辑的话语(6),则是再次唤起和激励证人的正义感和勇气,使其能够更坚定地做证。就这样6次问答,威逻辑教授奠定了打赢官司的第一块基石。

有了这一块基石,有关部门同意立案,这才能够引出下面的法律程序。

第一回合之二:现场指证驳诡辩。

逻辑时空 | 校园逻辑

　　有了炊事员明确的证词，威逻辑又重写了义正词严的诉讼书送交有关部门，终于，西山区政法委员会指令西山区法庭受理该案子。

　　当肇事者被法庭传来指证现场时，她既强词夺理又歪曲事实，先是指责炊事员为什么把开水桶放在她旁边（威逻辑马上驳斥她："只应该质问你'为什么不是厨房工作人员而要违规进入厨房'，怎么你倒无理取闹地反问'为什么厨房的开水桶要放在厨房里'"）；接着，肇事者又做作地拉着一个顶替苗苗出现场的小孩走来串去地表演作秀，口口声声说她不可能把孩子撞进开水桶，这起事故与她丝毫无关。威逻辑教授只问她一句话："当时你和炊事员两人中谁与苗苗的距离近？"肇事者一时不知怎样说才有利，犹豫着说："我不知道。"于是，威逻辑就按双方都认可的现场布局，叫三人实地演示。最后，看现场演示的司法人员及其他目击者都一致认定：

　　如果苗苗是自己掉进去的，那么她的伤应该在前胸或后背或头部，因为孩子所处的位置只能正面或仰面倒下；如果是炊事员撞进去的，那么苗苗的伤应该在身体右侧或正面，因为炊事员是在苗苗左后方3米多的位置，而且是在开水桶的另外一侧，更重要的是炊事员当时并不需要到开水桶附近做任何事情；但是，苗苗的伤势是在左胸左背，即斜向左侧倒进开水桶。因此，苗苗只能是被当时正在苗苗右侧，而又忙着跨前一步把食品放进其左前方蒸笼的李丽撞的。在事实和法庭及众人的公正分析面前，肇事者一时间语塞，无法再说"与我无关"了。

　　但是，转瞬间，肇事者却出人意料地使出一个赖皮招——

　　　　肇事者：我也是受害者，我那天受了惊吓，胎音都乱了，在医院治疗了好几天，要说赔偿，应该互相赔偿，现在我们双方算是扯平了。

　　善良的人们谁也没有想到，给小苗苗及其家人带来那么多痛苦和伤害的肇事者，在无法推脱肇事责任时，竟然会说出她受了苗苗的惊吓，并且凭此就可以算是与苗苗的损失扯平，说她自己不必对苗苗负任何赔偿责任了。那一刹，连威逻辑也蒙了。也难怪，像威逻辑这样正直高尚的人，怎么能够马上进入无赖思维呢？然而威逻辑就是威逻辑，她很明白这个事件的是与非，有着强烈的法律责任感；同时她是逻辑学家，是智者，她有逻辑敏感和逻辑智慧，能够马上识破肇事者恶劣的"转移论题"的伎俩，并能立即想出逻辑对策。威逻辑明白，不能因为气愤而跟随肇事者去扯责任，反而把当前必须做的现场取证耽误了。于是,几秒钟后,威逻辑就镇定下来应对了。

  威逻辑:对方提出的"赔偿责任扯平",应该是下一个程序讨论的问题。今天的任务是"事实认定",刚才的现场案情演示,既然双方都无异议,那么肇事责任是明确的,即:是李丽无意间把小苗苗撞进了开水桶。至于双方对赔偿责任的分歧,请求在法庭辩论时解决。届时请双方出示证据。

威逻辑的建议合情合理,警方和肇事方的律师都能接受。这才能顺利进入下一步的法律程序。

第二回合——智驳肇事者的"共同受害,赔偿扯平"

这个回合的过招,是在法庭公开审理程序中。

那天的旁听者很多。肇事者先是翻悔现场演示时她自己认同的事实,仍然咬定她在苗苗烫伤事件中没有责任。在又一次出示证人和证言时又胡搅蛮缠"临时工出来做证不算数"、"我当时没有想清楚"……直到听得连她自己的律师都发火说:"你再不正视自己的错误,我就不做你的辩护律师了",她才悻悻地说:"那么互相赔偿吧",接着拿出几张医疗收费单据和一叠车票,说那是由于事故发生,她被迫到外地生孩子的车费和医疗费用,无理要求法庭判决她的票据金额完全由控方支付。

"陈历史"们出示了(1)部分票据,孩子烫伤半年来一直住院治疗,仅治疗费用就是44333.97元。(2)伤情证明,本市4个医院的烧伤科专家会诊,断定小苗苗的烫伤面积占全身皮肤的30%,其中有的严重部位达Ⅲ度烫伤,即使在10年里经过3—4次植皮,也仍有可能影响孩子的胸部发育;市中级人民法院的法医鉴定孩子的伤残达到四级。

在法庭辩论中,威逻辑说,小苗苗的损失不仅仅是现在已付出的几万元和未来10年还将付出的几十万元,更是今后一生的身心痛苦,这还没有加上其家人所付出的种种无法计算的痛苦煎熬……这样的损失,能够与肇事者为躲避责任,自己去住院静养扯平吗?说着,威逻辑还出示了肇事者所住医院出具的证明——"孕妇李丽情况一直正常,在本院的三次住院均系孕妇家属强烈要求,难以劝止。"这个证据一出,听众哗然。

威逻辑代表控方要求,在民事诉讼中肇事者应赔偿受害者的一切医疗费用和精神损失费,并且把此案提交刑事法庭,要求依法判决肇事者的过失伤害罪。

当天,合议庭判决:肇事者李丽必须承担受害者苗苗已经发生的90%医疗费,并且一次性给付3万元。于是,威逻辑的第二个回合又赢了。

大家向威逻辑祝贺,威逻辑却说,遇到这样翻阴覆阳的肇事者,不到最后,是不能说官司打赢的。果然不出威逻辑所料,没几天就传来消息——肇事者不服判决,已经上诉了。这又引出来第三个回合。

第三回合——力驳肇事者的"推翻原判"及"无力赔偿"

肇事者不服西山区法院的初审判决,迫使该案在市中级人民法院民庭进行二审。在二审法庭上,肇事者强词夺理地要求受害者必须承担50%的医疗费用,而且说,即使她愿意承担那50%的2.2万,在目前也没有支付能力,请求在5—10年里分期支付。肇事者的无理要求,使了解案情者无不愤慨。

威逻辑在二审法庭的答辩时说了3点:

(1)郑重重申,初审判决对肇事者责任的认定合乎事实和法律程序,判决合乎法律条例;不能无故取消原判决。

(2)强调指出,肇事者的态度极其恶劣,其对无辜女童的人身伤害那么严重,但是从事发至今,她没有愧疚,没有忏悔,也没有任何赎罪行为,这不仅继续伤害受害者及其家人,而且社会影响极坏。初审时因为考虑到肇事者刚分娩不久,原告方没有坚持追究其刑事责任,既然被告连那么温和的初审判决都不服,那就迫使原告不得不坚持——严正要求民庭转刑庭,判处肇事者过失伤害罪。

(3)转达民间建议,对于肇事者的不愿意赔偿,义愤填膺的人们提供一个新方案——可以不要肇事者赔偿,但是,要让肇事者或其孩子也在肇事现场那滚烫的开水桶里挨烫一次,直到皮肤与受害者小苗苗相同部位和相同面积的烫伤度完全一致。当然,这样的建议要得到肇事者的认同和法庭的批准。

威逻辑话一完,全场掌声雷动。

肇事者慌忙站起来吼叫:坚决反对这个狗屁方案,我的孩子才有7个月,放进开水桶还不烫死了。

威逻辑:你的孩子还没挨烫你就心疼了!你把别人的孩子烫成那

样的重伤,你居然不闻不问,你还有点人道吗?你早就该转换到受害者立场,将心比心地想想了。

威逻辑继续面向审判长说:还有,被告说她"无力支付医疗费用"也不属实,据了解,她丈夫所开的私人汽车修理厂每天的纯利润收入在2000—3000元之间,这还只是其厂上报缴税的基本数额。因此,请求法庭驳回被告的分期付款要求,并且追究被告的刑事责任。

威逻辑的话字字落地有声,旁听席上又是掌声一片。

那场官司的最后结果是:民庭判决肇事者赔偿已发生医疗费的100%及受害者的精神损失费1万元,并且立即执行;刑庭认定肇事者犯了对儿童的"过失伤害罪",又因其态度恶劣,影响太坏而判决肇事者有期徒刑1年,缓期两年执行。

威逻辑帮"陈历史"打的官司赢了。我们在旁听过程中也得到了"大逻辑"的许多启示。第一回合有威逻辑的解说自不必赘言,第二回合里对肇事者的责任认定使用了二难推理也很明显,最精彩的是第三回合里提出的虚拟新方案,那真是绝妙的一笔,它令我们想起了莎士比亚喜剧《威尼斯商人》中,聪明法官鲍西娅惩罚残暴债主夏洛克的巧计——既同意夏洛克不折不扣按合同割取借贷者身体上的一磅肉,但也要他严格按照合同规定,只能不多不少正好割一磅,并且割肉时不能流一滴血,因为合同上面没有说明割肉时可以流血,最终迫使夏洛克不得不放弃合同。

威逻辑在法庭上提出新方案的思路,与鲍西娅方案异曲同工,明知各方都不会同意实施,但却对肇事者的心理有极大的震动作用,对最后的判决和执行不能不有一定影响。

当我们对威逻辑大谈这场官司打得如何痛快时,威逻辑却深有感慨地说,官司算是打赢了,但是,任何赔偿都无法弥补小苗苗失去的那份健康完美了;而且,肇事者的恶劣行径竟然在相当长时间内都没有受到惩处,这说明我们的司法还有不少欠缺;而建设一个理性的和谐社会,就应该使社会成为一个巨大的道德法庭,培养出无数的公正法官,能够随时有人来谴责和审判那些伤害了他人还心安理得的肇事者们。

是啊,威教授的"大逻辑"不愧是在向四面八方思考,也不愧是建构理性和谐社会的必要条件,如果多有一些威逻辑,也许我们社会生活的理性化和文明化程度都会得到迅速提高。

§11 "威逻辑"助"高体育"训顽子

（小 L 的来稿）

威逻辑教授的逸事多多。我爸爸与她是同事,我们与她住在一个宿舍大院,知道她的逻辑还救过人命呢。她救的是"高体育"的儿子"高明明"。这是我们身边发生的最震人心魄的事情了。

"高体育"是体育教研室的副教授。他专攻篮球,身高 1.92 米,体魄健壮魁梧,年近四十,血气方刚,事业也正在蒸蒸日上。遗憾的是,"高体育"婚姻有变,儿子淘气。他 5 年前离异,独自带着当时只有 9 岁的儿子高明明生活。孩子贪玩厌学,常给"高体育"惹麻烦。3 年前,"高体育"再婚。新的家庭生活并没有改变高明明的顽劣,他在两年前迷恋上了电子游戏,常常逃学去游戏室混,零花钱用完了就巧立名目向家长讨要,编不出名目时就干脆偷家里的零碎东西廉价变卖或者直接从父母口袋里偷钱。这样的行为,学习自然是每况愈下,去年本来该读初中了,但班主任建议让高明明留在小学复读一年,把基础再打牢实些。因此,尽管高明明快满 14 岁且已身高 1.65 米,又长得腰圆膀壮,却仍然是个小学生,而且依然故我,不思进取,有人就叫他"歪脖子树"。

"高体育"为儿子伤透了脑筋,无论是好说歹说还是轻打重罚,一概无效,反生仇怨。终于导致发生了深夜怪案:

那天凌晨两点左右,有晚上工作习惯的威逻辑在书房里突然听到对面楼里发出一声撕心裂肺的男声惨叫,而对面楼里只有"高体育"家亮着灯。威逻辑猜想"高体育"家有人患急病,就打电话去询问,可老半天都没人接,威逻辑怕发生盗贼入室之类,就给学校保卫处打电话。校卫队来时,威逻辑已在"高体育"家门口等候。敲门进屋,只见"高体育"夫妇俩都没有睡,问起叫声,"高体育"夫妇有点支支吾吾。"会不会是高明明梦里叫?"威逻辑一边说,一边走向高明明卧室,只见卧室里一片凌乱,高明明穿着外衣外裤躺在床上,连球鞋都没脱,被子也没盖……孩子似乎睡得很沉,但又不时有些抽搐。威逻辑说:"这孩子肯定有些不舒服,还是送到医院看看吧!""高体育"似乎大梦初醒,连忙说:"好好好,好好好!"于是,威逻辑帮忙打电话给急救中心120，校卫队帮忙把高明明背下楼……

那夜的突发事件之后，高明明还不见大的变化，可"高体育"似乎变成了另一个人，神情老是恍恍惚惚的，威逻辑一叫他，他就吓一跳。这样了几次，使威逻辑联想起那一夜的几个疑点。于是主动请"高体育"到家里聊天。没想到，"高体育"一进威逻辑家就跪下哭着说："我有罪，我有罪啊！"然后就一五一十讲述了那夜的真相。说由于孩子屡教不改，他和后母都丧失了教子的信心和耐心，认为这样的儿子养大也只是害国害家，几次想"为民除害"，动手了结儿子的小命。那天晚饭时，就在儿子的饮料杯里倒了一瓶安眠药，看着他喝了，睡过去了，而夫妇俩却不能入睡，就一直守在儿子卧室，不断摸儿子的脉搏。到凌晨2点，发现儿子的脉搏越来越弱，想到儿子会在黎明前死去，毕竟父子连心，"高体育"突然间有一种撕心裂肺的疼痛，于是发出那声惨烈的尖叫。

威逻辑听着这可惊可恐可悲可叹的诉说，觉得毛骨悚然，意识到事态的严重。既声色俱厉地批评了"高体育"的糊涂与愚昧，又满腔热情地对"高体育"说，虎毒还不食子呢，何况每个人上面都有法律管着，你绝对不能再做这样的蠢事了。你们夫妇的正确选择应该是千方百计地帮助孩子回到正路上来，你放心，我一定帮助你教育高明明，你可千万不能丧失信心啊！

威逻辑说到做到，半年后，高明明才叫真正是换了一个人，德、才、貌都有了翻天覆地的变化，顺利进入重点中学。

问及威逻辑的训顽劣诀窍，回答：三个三段论。

威逻辑教授训顽劣少年的第一个三段论：

凡是成功的教育必须采取对症下药，循序渐进的措施；
要想改变高明明的现状必须对其施行成功的教育；
所以，对高明明的教育必须采取对症下药，循序渐进（首先要培养责任感）的措施。

这个三段论是威逻辑教育高明明的指导思想和基本方针。在这个三段论的指导下，威逻辑给高明明提出了一个目标："只要做对一道题。"

一开始，威逻辑把高明明叫到家里，和他一起在电脑上玩电子游戏，只字不提学习之类事情。只是每当游戏进入高潮时，威逻辑总是突然想起来:"哎哟!要干活了!"于是就马上从游戏里退出来。威逻辑或者是收发E-mail,或者是在电脑上写论文,等等,总有做不完的事情。这种时候,高明明就在威逻辑的书房里转悠,威逻辑也就会对他说:"对不起,我是老师,这些都是我的工作,是我的责任,我必须做完做好它,才能和你继续玩。你可以看看我小外孙的那些书,他和你同龄,读初中二年级,在北京。这是他去年带来的,他今年暑假还要来。"那多半是一些杂志,有《幽默大师》、《少年人》、《盼望长大》……在随便翻阅中,高明明对有些画面开始感兴趣,但由于识字不多,有许多都读不通,有时也就问问威逻辑,每逢这种时候,威逻辑都十分耐心地给他讲解。威逻辑的讲解是那样有趣,高明明每次都听得津津有味,反复说,我们老师也像您就好了。威逻辑乘机和高明明约定,每天放学以后及节假日都来威逻辑家。最初的一段日子,威逻辑主要还是和高明明一起玩对抗性的电子游戏,对他说,做什么都要千方百计做好,玩电子游戏也要求他一定要赢。高明明是游戏室老客,一般的游戏软件他很熟悉,打赢是没有问题,但当威逻辑的游戏软件逐渐升级,而且有许多都是纯粹英语版,高明明就渐渐招架不住了。于是,威逻辑趁势诱导,想玩好电子游戏也不容易,因为制作游戏软件的都有一肚子知识,你要彻底打败他们,必须高于他们,咱们不为别的,就为了赢他们,咱们也得把自己武装起来,只要你愿意,我帮你。于是,这一老一小成了忘年交。威逻辑每天的要求不高,口号是:"只做好一道题!"即每次只要高明明自己做对一道题目就可以了。过了一段时间,反而是高明明觉得速度太慢,要求增加任务。威逻辑就叫高明明自己给自己布置作业,只要高明明写好一个字,做对一道题,都会得到威逻辑的表扬。这样一来二去,高明明逃学少了,进游戏室也少了,而到威逻辑家却多了。

对于训顽劣的第一步成功,威逻辑点破其诀窍是:关键是找准"对症下药"的"症"。表面看来,高明明是因为贪玩电子游戏而厌学,其实,高明明是严重缺乏责任感和学习的兴趣感。由于他没有社会责任感,没有家庭责任感,也没有个人责任感,因此他对人、对事都采取不负责的态度。另外,他在学习中没有体会到乐趣,也就没有成就感。而对于任何人来说,要想做好一件事情,必须在"兴趣"和"责任"这两个原动力中至少具备一个原动力,因为"兴趣"或"责任"各是驱使人们自觉行动的一个充分条件,即或者有兴趣,或者有责任感,该二者只要具备其中之一,就可以驱使人们自觉自愿地去做某一件事情。如果二者都有,那就不仅会去做,而且一定能够做好。那些学有所成或事业有成的人,往往都是对所学所做既有兴趣,又有责任感的。既然高明明没有任何原动力,那么最重要的启动就必须对上这个"病症"。于是要先让他从具体事例,从别人的行为过程中明白,各人有各人的责任,每个人都必须担负好自己的责任。而威逻辑给高明明提出的目标:"只要做对一道题",实际上的目标就是:从一件件具体的事情"培养责任感"。

威逻辑每次突然中断游戏,就是用行为向高明明显示:老师有老师的责任,为了责任,即使正在玩着最喜欢的游戏也必须中止。经过这样反复多次的行为提示之后,威逻辑再循循善诱地引导高明明从认认真真写好一个字,踏踏实实做好一道题起步,循序渐进地一点点培养他的责任感和兴趣。好在小家伙还没有到不可救药的地步,所以一段时间后,终于对学习具备了一点责任感和兴趣,于是威逻辑对他的帮助教育也就看见一点成效了。

威逻辑教授训顽劣少年的第二个三段论:

任何人的成长由于艰难都必须有他人的帮助,
问题孩子的成长尤其艰难,
所以,问题孩子的成长尤其需要他人的帮助。

这个三段论是威逻辑在教育高明明初见成效的基础上确立的大教育观念。在这个三段论的指导下,威逻辑给自己和周围的人们提出了一个口号:"只要一点微笑。"

威逻辑的这个口号,其实也就是在逻辑层面上特别强调"外界的帮助、支持是问题少年健康成长的必要条件"。威逻辑看出来,高明明的教育已经到了需要更多外力因素参与的火候了。因为经过威逻辑一段时间的精心调教,高明明在威逻辑家里是变好了,变乖了,但是,高明明在学校里的变化还不太大。

威逻辑认为,高明明的变化没有引起人们的注意,是因为高明明还没有得到认可,而没有得到认可,就不能使高明明有成就感,但没有成就感,就没有自信心,没有自信心,努力就难以坚持。

威逻辑有大逻辑观也有大教育观,深知教育不是在狭小范围里的事业,而是要有大环境的教育氛围。问题学生和问题孩子特别需要成就感又特别缺少成就感,而"成就感"这个必要条件是万万不可少的,这就更需要周围人们的支持和鼓励,因为"人们的支持或鼓励"本身又是获得成就感的一个必要条件。于是她几次三番到小学找老师,商量如何互相配合帮助高明明,又在宿舍大院里跟有影响的大人孩子交谈,请他们注意表扬高明明的微小进步,以激发高明明的上进心。威逻辑还正式向周围的人们提出了一个口号式请求:"只要一点微笑。"人们素来敬重威逻辑,看到她为帮助"高体育"训顽童如此诚恳热心,也都为之感动,纷纷表示愿意配合。

以前,宿舍大院里有许多家长都不准自己的孩子跟高明明一块儿玩,说是怕自己孩子受高明明"贪游戏机"的病毒感染。经过威逻辑一个一个做工作,同时也慢慢看到高明明的进步,逐渐消除了成见和偏见。于是,高明明在学校里听见的"留级生"、"歪脖子树"等羞辱渐渐少了,看到的笑脸多了。而且,他不仅在威逻辑那里得到表扬,就是在家里,在院子里,在学校里也常常得到一些表扬。高明明的上进心被激发得开始萌动,同时,那些越来越多的微笑更给予他鼓励和温暖。日复一日,高明明自己也渐渐有了一些小进步,小成就,还当选为班上的体育委员,他的脸上也经常有了微笑。这样过了一段时间,高明明在一点点告别过去,不逃学,不进游戏室了。

后来谈及此事,威逻辑总是说,"好孩子是鼓励出来的",教育是个全民工程,转变问题少年更应该是全民、全社会的大工程。没有全社会的配合和鼓励,问题少年就不能有成就感,也就不能够实现转变,当然更不可能持续进步了。

威逻辑教授训顽劣少年的第三个三段论:

> 凡是改变积重难返事情的过程都有反复性,
> 高明明的现状并非一日(积重难返),
> 所以,对高明明的教育必须注意克服反复性。

这个三段论其实是两个三段论的浓缩,从初始前提的"有反复性"不能直接推到结论的"克服反复性",但在日常思维和表达中,人们往往可以这样跳跃一下。这第三个三段论,是威逻辑教育高明明的切身体会。在这个三段论的指导下,威逻辑给高明明提出了一个目标行动口号:"只要坚持一天!"威逻辑说,这个口号的实际目标是:克服反复性。

在威逻辑的精心矫正下,高明明这棵"歪脖子树"正在昂起头来,向上伸展……没想到好事多磨,一场风雨几乎把正在蓬勃向上的小树折断。情况是:连日来,宿舍大院里不断丢东西,什么晾晒的新衣服啦,放进门道包月箱的瓶装鲜牛奶啦,暂时挂在门锁上的挎包啦……丢东西的人们免不了议论、猜疑、推断,于是有人把高明明列入了嫌疑范围,还有的人干脆在"高体育"的家门上写:"儿子偷了老子赔。"高明明敏感到了人们的异样,灰心地放弃了前期的努力。他又逃学了,并且接连两天都没有去威逻辑家。与前面稍微不同的是,他逃学后并没有去游戏室,而是躲在家里装病。威逻辑发现高明明的退步,马上想法子补救。她打电话给高明明:"我相信你。而且我告诉你,你'只要坚持一天',别人也会相信你的。你应该照常上学,继续努力。"第二天早上,威逻辑欣慰地看到高明明又背着书包上学去了。以后的几天,威逻辑一方面协助校卫队追查失窃,一方面更加关爱高明明,每天都一如既往地把高明明叫到家里做作业、谈天……更主要的是每天都鼓励高明明"只要坚持一天"。就是这样一天天的"只要坚持一天",威逻辑帮助高明明胜利渡过了那一道受猜疑、遭诽谤的难关。当失窃的真相大白时,高明明的心理承受能力已经锻炼得跟正常成长的同龄人一样坚强了。

事后,威逻辑说,即使没有猜疑事件,高明明也会发生反复,成长中的反复是很正常的。不仅是问题少年,就是正常的少年甚至于那些优秀少年,因为他们正处于少年危机期,天生合理的也会有一定程度的逆反、徘徊、彷徨、好高骛远、眼高手低等心理问题。所以,这个时期要特别注意培养他们的意志和毅力,使他们逐渐养成"承诺坚定不移,做事坚持到底"的良好习惯,而"只要坚持一天"是帮助他们克服动摇的最有效的口号,因为"每一天的坚持"都各是"养成好习惯"的一个必要条件,这正如60分内的每1分都是及格的一个必要条件一样。假如每天都能够对自己说:"只要坚持一天",那么,当一天一天过去之后,也就是坚持了天天,在坚持了天天之后,好的习惯就有希望养成了。威逻辑还说,习惯是很重要的,人们夸奖某人"素质高"、"有教养",其实就是夸奖他有好的习惯,而习惯的养成主要在青少年时期,这个时期养成好的习惯可以终生受用无穷,要是养成恶习,那就会祸害一生。

就这样,在威教授三个三段论的理论指导下,威教授又把理论化为三个很具操作性的口号目标:"只要做对一道题"、"只要一点微笑"、"只要坚持一天",并且用半年多的时间真诚耐心地帮助高明明,终于日久起效,使这棵"歪脖子树"逐渐成材。

那时,我们宿舍大院的大、中学生目睹了这一"逻辑帮扶教子"事件的全过程,都很感慨,尤其对"只要坚持一天"特别动心,每逢做事想打退堂鼓时,总会不约而同地异口同声吼叫:"只要坚持一天!"

是的,实现"高素质"和"有教养"的目标,需要积累其一个个的必要条件,而我们每一天的努力,都是提高自身素质和修养的必要条件,都是必不可少的。

我突然领悟到,其实,威逻辑在做很多工作时的逻辑思路,并非是机械地套用三段论等推理形式,而都是立足于分析欲达目标的必要条件,并且努力创造和积累一个个必要条件,直至使目标所需的必要条件完全具备,即必要条件达到了充分的地步,那样一来,目标的实现就一定到来了。

人生的路要一天一天地走,威逻辑的"只要坚持一天!"会伴随我们走过人生的每一天。

§12 "威逻辑"替"乔外语"管保姆

（弟子 M 的来稿）

毫无疑问，大学的老教授们是一个很值得尊敬的群体。但是，他们往往也是最容易受到刁民欺瞒的群体，尤其是那些如今已花甲以上的老先生们。因为一是老先生们把主要精力投放在科学研究和为国育才的事业里，对鸡毛蒜皮的小事情往往忽略不计；二是老先生们习惯的是"以君子之心度别人之腹"，把别人总往好处想。于是，"君子可欺以方"，小到买蔬菜水果时被小贩短斤少两，大到被冒充的"学生"坑蒙拐骗。后面将提到的"陈历史"，因太有君子之风而无法与无赖打官司是一例，这里的"乔外语"老先生又是一例。好在有威逻辑这样路见不平就及时"拔逻辑之刀相助"的侠士，所以"乔外语"老先生就略微少受些欺负了。

"乔外语"真了不起。他通晓英语、德语、西班牙语和法语、俄语等多国语言，出版了约一千万字的译著，凡是省里来了重要外宾，省外事处就要恭请他去做首席翻译。就是这样一位学富五车的大翻译家、大学者，却三番五次受骗上当，仅仅被后几任保姆所骗的财物就超过万元。

情况是这样，"乔外语"的大儿子在英国，小儿子在俄国，平常只有老夫妇俩一起生活。乔师母曾经是一个非常漂亮又能干的俄罗斯姑娘，但是10年前一场车祸使她高位截瘫，眼下只能在床上和轮椅上度日了。出于这样的境况，"乔外语"家是不能不请保姆的。"乔外语"家的前3任保姆都很好，第1任干了3年，第2、3任各干了两年多。本来也不是前3任保姆不愿意继续留任，只是因为"乔外语"夫妇太君子了，他们总觉得，20岁左右的保姆一直在家里做下去会耽误他们的前程，订立合同时就都承诺：提供费用帮助她们在做保姆期间培训一门谋职技术；两年后负责帮其找份好工作。"乔外语"真是一言九鼎的君子，他给第1任保姆找的工作是某印刷厂的电脑录入员；给第2、3任保姆找的工作是在民族村当导游。问题是出在第4任保姆游萍身上。她人小鬼大，在订立合同时就只订1年，理由是，现在是市场经济，变化很快，应该"与时俱进"，随时按照市场情况调整合同。"乔外语"夫妇这对良善君子也就爽快答应了。可她刚刚进乔家才1个月，就多次"强烈要求"学电脑,半年后学习结束,她又提出,要求"局部修改"合同——她白天出去工作,晚上回来住并帮助做点家务,白天的活,让她妹妹从农村来做,但要续签合同。她还声泪俱下地诉说她们家弟妹多,生活如何困难。"乔外语"夫妇答应了。此后,她姐妹俩就吃、住在"乔外语"家。到第二年秋天,她妹妹学成了一门机器织补技术,游萍又故伎重演,要求让她表妹来续签合同,而让她妹妹出去摆摊。君子"乔外语"觉得既然第一次答应了,第二次就不好拒绝,于是乎,游家三姐妹都吃、住在"乔外语"家。这样一来,晚上看电视时的选台表决就是3∶2,"乔外语"夫妇想看看中央10台都轮不上,有时就干脆不看了。日子一久,游萍嫌她姊妹三人住的那间卧室小,要求与"乔外语"的书房对换,并且,还没有等"乔外语"答应,就在一夜之间把书房与其卧室对换了。第二天,惊呆了的"乔外语"只有扼腕慨叹。正好碰上威逻辑来探视乔师母,二老就把昨夜的变化讲了。威逻辑说,最近我知道有些事情牵涉她们,今天也是顺便找你了解情况的,那我们干脆就用情理逻辑、规范逻辑等来治疗一下三位保姆的刁蛮。

威逻辑治疗刁蛮姊妹用了三付逻辑药方。

1. 追查谣言,用道义逻辑从道德根子上修理

前面提到过,当威逻辑帮"高体育"教育其顽子高明明初见成效时,碰上了一场谣言风雨,说是高明明偷了一系列东西,高明明被迫大大倒退,差点使威逻辑的教育前功尽弃。后经校保卫处一个一个追查,最后知道这谣言都是"乔外语"的保姆游萍伪造的。威逻辑掌握了这些情况,就做了如下推断:

> 如果谣言对她们没有好处,她们就不会制造谣言,现经查明谣言是她们制造的,那么谣言对她们一定有某种好处。如果谣言对她们有好处,那么她们将得到的好处是什么呢?就目前情况看来,她们得到的好处或者是诽谤他人的快乐(那是出于成年人病态心理),或者是制造混乱看热闹(那是出于儿童的恶作剧心理),或者是掩盖自己的行为(贼喊捉贼的把戏),或者是兼而有之,兼而有之的可能性是存在的,但是需要有事实证据。

威逻辑那天早上到"乔外语"家也是想顺便了解关于谣言的一些情况。听到小保姆竟然一夜之间就把"乔外语"的书房与她姊妹的卧室强行交

换了,就跟随着进"乔外语"的"新书房"参观,不经意之间,忽然发现在一个书架的背后影影绰绰挂着一件衣服,也许那是游萍她们原来挂衣服的地方,昨夜忙乱中只顾把书架移靠墙而忘记了取。威逻辑伸手取下,觉得这件花格子衬衣很眼熟,再仔细看,果然见衣脚里绣着 WLJ,这正是自己上一周晾在阳台上丢失的那件。想不到证据会这么戏剧性地送上门,威逻辑立即电话告知学校保卫处。接下来,在三姐妹的卧室陆续找出了宿舍大院丢失的一些东西。原来,游萍们偷第一样东西时碰巧撞上高明明,她们以为高明明看见她们的偷窃行为,就"恶人先告状",干脆造谣诬陷高明明,看着失主相信,她们更加胆大妄为,一面造谣一面偷……威逻辑一向既待人宽容,又很有原则,在赃物面前,威逻辑义正词严地质问她们:"为什么偷了东西还要造谣诬陷高明明?如果不被揭露,难道你们就一直偷下去,陷害下去?你们不只是偷了一些东西,你们几乎毁灭了一个人,一个刚刚有了光明起点的人,你们罪过啊!"在事实面前,三姐妹只有哑口无言。

事后,威逻辑督促三姐妹向高明明道歉,高明明的冤情终于得到了澄清。

2. 呼唤良知,用情理逻辑驳斥强词夺理

威逻辑觉得,把失窃真相弄清楚固然很好,但是对于三姐妹的刁蛮还只是一个当头棒喝,她们仍然有侥幸心理,以为如果事情不败露就没事。威逻辑与"乔外语"夫妇及宿舍大院的家属委员会商议,觉得既然我们是教育单位,对发生在我们身边的教育问题尤其是青少年的问题,就有义不容辞的社会责任,尽管三姐妹只是进城务工者,也应该让她们知道社会公德,接受公民的文明道德教育。应当呼唤她们的良知,培养她们的健康感恩心理,让她们在城市里健康成长。大家一致同意成立一个帮扶班子并且执行威逻辑制定的三部曲:第一步,努力帮助她们树立正确的人生观。一天晚上,威逻辑和已退休的赵副教授到"乔外语"家找三姐妹聊天,其中问及"人是什么样的动物?"回答1:"人是吃喝拉撒的动物。"回答2:"是会打扮的动物。"回答3:"是会挣钱的动物。"威逻辑肯定了她们说的各自有一定的道理,但同时又反问:"如果人只是吃喝拉撒,那么与猪、狗有什么区别?如果人是打扮的动物,那么时装模特就是人类的主宰,是全人类的楷模了;如果人是挣钱的动物,那么无论用什么手段挣钱,包括偷、抢、骗就都是合理的了。这显然不对。"然后,威逻辑就循循善诱地开导:"人是有感情的社会动物。社会是由全人类世世代代组成的,由于人是社会动物,人与人相处就需要感情,感情是什么,简单地讲,感情就是感激之情,对人有感激是要出自感恩心理。有感恩心理,就会'受人之恩于滴水,报人之恩于涌泉'。"又给她们讲了涌泉相报、衔草结环的故事。告诉她们,向别人无休止的索取是可耻的,尤其是向那些诚心帮助过你的人不断巧取豪夺,更是不道德的。第一次正面对话虽然对三姐妹有点触动,但是威逻辑知道不能期望有较大改变,毕竟人家是几十年形成的世界观嘛。

于是按计划,第二次单独找游萍,游萍是她们三姐妹的头,既当军师又当指挥。威逻辑只是与她闲聊,给她看一篇资料,上面讲道,美国的一位人类学家在全世界范围内找了不同地区、不同民族、不同年龄、不同职业、不同文化程度、甚至不同肤色、不同身高的15万男士进行调查,询问他们眼中的优秀女性是什么样的?经认真统计后发现,最一致的看法是:"善良、智慧、勤劳、美丽。"进而引导她:"你说过'人是会打扮的动物'这不全对,但也不全错。'爱美之心人皆有之',只是'某些打扮会使人美丽'而美丽不仅仅是依靠打扮,美丽有更多的含义,心灵美和人格美是最高的美丽。"

游萍:"心灵美在心里,谁看得见呀?"

威逻辑:"看得见,心灵美的人最明显的表现,就是知道尊重别人,知道为别人着想,不伤害他人。"

游萍:"那么,我就是心灵美的人了。我为我妹妹、表妹着想,把她们都从农村弄出来。现在有吃有住还能挣钱。"

威逻辑:"'别人',要包括你家人以外的人,甚至是你不认识的人。如果你为了你自己或为了你的家人就去伤害另外的人,仍然不能够算心灵美。"

游萍听了只用鼻子哼了一声。威逻辑发现游萍的有些观念不容易改变,也就不白费精力。得另换一个帮扶对象试试,于是第三步就找游表妹。她是直接偷宿舍大院衣物的人,又是"乔外语"的现任保姆,如果她能够认识错误,悔过自新,那也能给她提供一些新的机会。但是,游表妹一言不发,无论怎么问她,她要么低头看着脚尖,要么抬头看着天花板,反正来个"问死不吭气"。至于游萍的妹妹,则更是油滑,几次约她都推脱了。威逻辑知道这都是游萍事先安排好的对策,也就不强求。最后,根据前面的思想救助一概无效的事实,帮扶班子推断出,不能希望通过几次谈话就可以扭转三姐妹的习惯,现在需要帮扶的反而是"乔外语"夫妇了。

3. 执行合同,最终用法律逻辑解决问题

既然对刁保姆的思想帮扶不生效,威逻辑主张,用法律武器保护"乔外语"夫妇。威逻辑教授主张请求劳动仲裁部门出面解决。威逻辑分析,按照最初的合同,只是游萍与"乔外语"签订过1年的合同,那么,就应该由游萍一人自始至终地履行合同,完整地履行合同职责及享受合同给予的权利。但是游萍在合同执行半年多时,就把她妹妹领来顶替,她自己却出去另找工作挣钱,这实际上已经违反了合同法。而且,当她妹妹在"乔外语"家当保姆不到1年时(其中还包括半年的免费培训),又改用游表妹顶替了妹妹。原合同的职责没有好好履行,而原合同所言及的权利早已大大超过,三姐妹免费住在"乔外语"家,有时还自添碗筷吃点晚餐或早餐什么的,现在游表妹来了不到半年,又吵着要享受免费培训。这简直就把"乔外语"家当成了免费培训中心和免费的旅馆,这些都是游萍单方面违反了合同,应该承担违约责任,付出合同规定的违约金1000元。

劳动仲裁机构完全同意威逻辑的上述分析,并且补充:这样的合同实际上早已经超过原来订立的1年期限,应该马上终止,"乔外语"早就没有义务为游表妹支付培训费用了。可是,当劳动仲裁通知游萍具结合同时,游萍三姐妹竟然一起去大闹仲裁处,游萍拍胸顿足,哭哭喊喊地说:

"我们的合同是1年,我表妹还没有到半年,合同还没有到期,我表妹还没有培训,我们就是不走。"

作为"乔外语"委托代理人的威逻辑冷静地说:

"请仔细看看合同,合同是'你'还是'你们'签订的?合同是半年前还是两年前签订的?合同是过期了还是没有到期?"

"那么今天我们就另外签订新合同嘛,反正我们要继续住在乔老师家。"

威逻辑依然很冷静:"今天必须先把旧合同具结,然后再考虑其他的。"

"不签订新的合同,我们就不了结旧合同。"游萍依然固执。

"即使你不具结旧合同,旧合同也已经失效,今天其实是要当面通知你这一点。你要做的事情,是按照合同规定给付1000元违约金并

且在三天内搬离雇主家。"劳动仲裁员郑重地宣布。

"你……既然你说旧合同已经失效,那么旧合同的违约金也就失效了。想得美!我才不付什么狗屁违约金呢。"游萍说着就拉起两个妹妹要走。

"站住!"威逻辑声音不高但很威严:"乔老师说了,违约金可以不要你付,但是你们必须在三天内搬走。他的新保姆明天就来了。"

"我表妹就是新保姆,我们就是不搬,谁要你管闲事。"

"这不是闲事是正事,我是乔老师的法律代理人,有这个责任和权利。如果你不服从劳动仲裁,可以上诉,但你不可以耍赖,不然,我就代表乔老师,收回对你的宽恕,依合同法必须要你付违约金。"

"我去跟乔老师说,他会同意我表妹继续在他家当保姆的。"游萍稍微软了一点。

"原来你这么霸道!你在我们这里才几分钟,就闹得乌烟瘴气,谁敢请你做保姆?就是乔老师同意,我们都要劝阻!你看你哪里像是来做保姆,简直就是想着来享受来坑蒙乔老师的。我们处理过几十起案子,没有一个打工者像你这样刁蛮的。你再无理取闹,我们就把你列入不讲诚信的黑名单,上报到有关单位,你以后就难以在本市工作了。"仲裁员这番硬邦邦的话,才使游萍们悻悻地走了。

这以后的结局是:游萍眼见要强行以当保姆为名赖在"乔外语"家是不行了,又陆续想出些点子,说什么"等攒够了租房子的钱再搬"、"请乔老师干脆租房子给我们住"……左拖右拖,直至一个月后,保卫处的多次清查、督促,反复出示市公安局"关于'与本单位无关人员'强行居留的处理意见",游萍们才不得不离开了"乔外语"家。

"乔外语"家的磨难也才算告一段落。

"乔外语"夫妇感谢威逻辑的"路见不平,拔逻辑之刀相助",威逻辑也十分感慨:"看来,拔逻辑之刀相助也有局限,对于那些坚持混账逻辑的人,只靠逻辑是不够的,就像对那些不讲道德的人,道德说教是不生效一样。我们民族的精神文明建设还任重道远啊!"

§13 "威逻辑"揭"世家女"假金子

（弟子 N 来稿）

2002 年 3 月 3 日的《秀城晚报》上登载了一条新闻："昨天上午，拆我市青年路一老宅子时，推土机突然推出来一些金砖、金元宝。路人看见了，纷纷冲过来哄抢，瞬间即人、金无踪无影。听到消息，昨下午该老宅主人找拆迁办索要黄金。今早，市政府发表紧急通知，张榜有酬收缴被路人所抢的黄金。政府希望当事人自觉上缴，知情者及时举报。"

这则新闻消息在学校宿舍大院引起的轰动起初是二星级的，但不几日升为四星级，最后因威逻辑的介入而达到五星级了。

轰动达到二星级时，那是新闻消息发布之后的一二日里，大家主要是集中议论或描摹，戏说那些路人见黄金时，哄抢之眼疾手快，逃遁之腿疾脚快，云云。

达到四星级时，是在消息发布一周后的星期日上午 9 点多，这个时间正是宿舍大院里星期日特有的热闹时段：在树下早锻炼的人尚未回屋；外出者赶早的已陆续进院来；赶晚的才刚刚出门；大院里正是人来人往的黄金时段。忽然，有个背着小孩的中年妇女走进院，很神秘地拉住刚刚想上楼的"乔外语"，拿出用手绢包着的一些金砖、金元宝，说那就是前几天在青年路挖出来的，她自己就是该老宅的主人，政府已经收缴到了这些黄金还给她，现在她急等用钱，想低价卖点给教授们，每块金砖只要 1000 元，金元宝只要 800 元，相信教授们会帮助她。"乔外语"一向是"君子可欺以方"，听她说有困难，禁不住停下脚步，那妇女就拿出一块，指指点点地大声说："看看嘛，这上面还带着一些泥巴呢！"一时间，来来往往的人不约而同地围拢过来，七手八脚地摸摸，七眼八睛地看看，七嘴八舌地问问："这就是金砖？乖乖，好沉啊！""埋了多少年都不知道，怎么还这样亮啊！简直就像新的一样！""1000 元一块金砖，这么便宜，只折合十来块钱 1 克了。""找'吴物理'来鉴定一下吧！他是珠宝鉴定专家，肯定也懂金子鉴定。"于是，有人主动去找'吴物理'，顷刻又回话说："'吴物理'出差到上海了。"人们遗憾着，议论着，不敢贸然买下，又不肯毅然离去。忽然有人提议："请威逻辑来推断一下吧!""对!""对!""请威逻辑来!"这就把轰动效应由四星级升到五星级了。

威逻辑来了,拿起金砖看看,就有下面对话:

威逻辑:"你说这就是青年路挖出来的金子?"
卖金者:"当然是。"
威逻辑:"你说这些是政府收缴起来又还给你们家的金子?"
卖金者:"是的。"
威逻辑:"你说买1块金砖只要1000元?"
卖金者:"是的。"
威逻辑:"撒谎!你是用假金子和假话来搞真诈骗。把她送到学校保卫处去。"
卖金者:"你不懂!你凭什么说金子假?我不卖了。"
威逻辑:"当然有根据,我现在就来告诉你。"

于是,威逻辑教授转身向大家展示了她的逻辑推理。
说她的"金子假"有三个理由:

理由1,我掂量了这些东西的分量,比重虽然很大,但却很硬,用指甲根本掐不出印痕。可大家知道,如果是真正的金子,那么是比重大而且质地很软,用指甲就可以划出印痕的呀,可见她的金子是假的。很可能是里铅外镀金甚至是外镀铜。

理由2,她的金子如果是真的,那么按照市场价格可以卖到100多元1克,她绝对不会傻到竟然只卖10元左右1克,可见她的金子不可能是真的。

理由3,如果她的金子是真的,那么她完全可以直接到银行去兑换,在银行里她至少也可以每克兑换到近100元,而她竟然不拿到银行兑换,却宁愿只要1/10的钱,这说明她不敢经受银行的鉴定,同时更说明她的金子是假的。

戳穿她的"说假话"也有三个理由:

理由1,她说金子就是上周青年路挖出来的一部分,那么由于年代久远,金子会因或多或少的氧化而变得暗淡,但是她拿来的所有金子却反常地明亮,所以她关于金子来源的说法完全是假的。

理由2,她说她的金子是政府收缴后还给她们家的,这也是假话。因为,如果政府已经收缴到一些散失的金子,那么报纸等新闻媒体一定会有所报道,可是我们天天读报看电视,一直到昨天都不见有收缴进展,她怎么可能得到政府收缴物的返回呢?

理由3,她说金子是她们家老宅子的,那么她就应该是在老宅子里生活了多年的老秀城人了,但我听她和她孩子的口音,却是离秀城几百里外的坊州人,可见,她连秀城人都不是,怎么还会是秀城老宅子的主人呢?所以,她关于她身份的话语也是假的。既然她的金子和话语都是假的,那么她搞这些假把戏的目的,就是为了真正的诈骗。看她还有什么话说呢?

卖金者:"我不说了。我错了。我也是想混碗饭吃,饶了我吧!这位大妈真神了,她说的都是真的,好像她样样都亲眼见了,我不敢了,我走了。"

说着,那个中年妇女就匆匆走了。

威逻辑也没有坚持把那妇女送到学校保卫处,而只是用声音追着她说:"不要到别处诈骗了啊!"当天,威逻辑就把上午发生的事情写成了一篇稿子,投到《秀城晚报》和秀城电视台的"快递栏目",提醒广大市民不要上当受骗。

后来的几天里,凡是目睹或者耳闻此事的人,都会迷惑地问威逻辑:"你又没有调查过,为什么你只问了她三句话,就可以断定她的金子和她说的话都是假的呢?你完全是依靠你的逻辑推理吗?"

威逻辑就耐心地点拨:我的思路当然是逻辑推理,不过不是狭隘的死板的教条式推理。而是语用中的大逻辑推理。大家知道,逻辑学研究的任何一个推理,一定要有前提而且常常不止一个前提。推理的前提,其实有许多都是人们已经具有的常识或者真理,当我们遇到具体的事情时,就又会得到一些具体的推理前提,只要你善于把已经存储的前提与眼前的前提联系起来,再懂点逻辑规则,就可以通过推理得出正确结论了。其实,在"乔外语"去叫我时,我从他提供的情况就已经作出了推断,而问诈骗者的那三句话,就是要进一步确认她说的是假话。她果然继续坚持说假话,这样我就得到了否定其话语的几个真前提,从而确证我的推理是正确的。至于怎么能够知道诈骗者说的话是假的呢？最根本的依据是客观事实，是因为诈骗者的话语与我们了解到的客观事实相悖。例如，她说她拿来卖的东西就是"青年路拆老宅时挖出来的金子"，这在表面上看有可能，因为报纸上登载过相关消息，她利用的也就是那条消息。但是她拿来的"金子"太过于新鲜，与人们对多年古宅埋的黄金必然被氧化变暗淡的常识相逆，这就既能说明她的货假，也能说明她的话假。她说她卖的金子"是政府从哄抢者那里收缴后返回来的"，这也与我们天天读报看电视获得的信息相悖，因为一直追踪报道该事件发展的新闻媒体至今没有关于收缴的任何报道，这表明收缴暂时无进展，她怎么可能会拿到了收缴到的返回黄金呢？这样，她说的两个货源就是双重的假——"是青年路老宅挖出来的"为假，是"被哄抢后又收缴返回来的"也为假。还有，她卖货的价格低廉到"1 块金砖1000 元，1 个金元宝 800 元"，这更违背常理常利，而她这样急于廉价出手，更说明她的货是假的。再加上我用指甲使劲掐过她的金砖，但是根本没有丝毫划痕，这也从物理性质方面简易鉴定了那不是真金子。正是基于这些具体的真实前提加上了原先储备的常识或真理的前提，再运用逻辑推理规则，那才能够推出来正确结论的。至于具体的推理过程，我在那天反驳她时已经说了，主要是多次运用了假言推理，每个结论至少是运用了一个推理来完成的。比方得出"她的金子为假"的三个理由，就是三个推理，得出"她的话语为假"的三个理由，也是用了三个假言推理。大家如果对逻辑有兴趣，以后我们还可以在一起切磋嘛。

经过假金砖事件，大家对威逻辑和逻辑学都产生了兴趣，不少人深有感触地说："威教授的逻辑真是威力大，可以拨乱反正，可以识假打假，以后得跟她学习学习逻辑了！"

§14 "威逻辑"斥"歪货郎"货骚扰

(弟子P的来稿)

大约从上世纪80年代,中国的每个家庭都面临着商品市场的冲击,最直接的形式就是推销员敲开家门推销商品,大学的宿舍大院也不例外。比如上门推销大米、丝绵被等。开始,双方都还克制,推销员客客气气,屋主人耐耐心心,不管买卖做成与否,彼此都好说好散。后来,上门推销越来越频繁,到本世纪初,推销的品种、质量、价格、态度都大不同了,甚至有人到大院来推销油印的经符、命书之类,有的还加以心理利诱和恐吓,说买了就福祉登门,不买则灾祸临头,云云。

教职工们聚在一起时,都忍不住说说在自己家门口还被坑蒙拐骗的故事:"上门推销的货并不便宜,多数是假冒伪劣产品,我上周被迫买的两双袜子,每双都是只穿了三天就破了。""那你为什么要买他的袜子?把他赶走不就得了。""说得轻巧,你是男的,有力气,他不走可以推他,我一个人在家,即使明明知道他用伪劣产品来坑蒙拐骗,也只好随便买两双打发他走,折财免灾嘛!""我也是这么想的。你们不知道,我前天遇到的才不得了,他敲了几次门没出人声,我就不开。后来他边敲门边含混地喊:周?丘?朱?老师,'老师'两个字很响亮,就是听不清楚姓氏,我怕得罪了熟人,就打开家门,哪想到他伸进一只脚挡住门,随即用右手从背包里抽出两把菜刀说:'我的菜刀是真正的不锈钢,很锋利,切菜不用说,就是杀猪都没问题,要不要试试',你想我能试吗?只好'好汉不吃眼前亏''拿钱送瘟神'买下一把让他走人吧!""你说的是菜刀,我听说,有的推销员要女主人当面试汗裤呢!"

威逻辑也曾亲历过若干次上门推销者的骚扰,但由于宽容,每次都想到推销员挨家挨户走也不容易,事后也就忘记了。经周围同事反复多次叙说那些上门推销带来的烦恼,使威逻辑也觉得这种现象是强迫买"骚扰货"的"货骚扰"。一向对同事和邻居充满人文关怀的威逻辑就认为应该想办法治治,不能让他们没完没了地坑蒙拐骗善良的人们。

正巧,有个倒霉鬼自讨晦气碰上了威逻辑。那是个推销牙膏和电动牙刷的,他很老练。第一次敲门就大声喊叫:"'鬼'老师,是我!"威逻辑好久没有听到这种称呼了。那往往是老朋友、老熟人开玩笑的戏称。开门一看是陌生人,就断定他是把家门上水电表姓氏的"隗"读成了"鬼"。于是微笑着对他说:"你找鬼没有鬼,你不找'隗'倒是有一'隗'(位)。"那位找鬼者却既不脸红也不客气,一闪身就挤进了威逻辑的家门,把背包干脆放在门厅的鞋柜上,从里面掏出一些牙刷就宣传:"我的电动牙刷是最新产品,价廉物美,别人卖40元一把,我只卖10元……"威逻辑眼看不能硬性把他赶走,就说:"这样吧,你说你的牙刷是价廉物美的最新产品,我们立马下楼去,快下班了,院子里人多,我也帮你宣传宣传。"找鬼者一听大喜,就跟着威逻辑到院子里。

一到院子里,威逻辑就招呼下班归来的人聚过来,当人们向德高望重的威逻辑围拢过来后,就有了如下片段:

"你的牙刷是哪个厂家生产的?"

"是那不罗思生产的专利产品,你看看,这都是英文还是法文写的呢!"

"是'萝卜丝'生产的吧!那是汉语拼音,不是英文。那只是牙刷的古怪名字,而没有注册商标,没有厂家和产地,是典型的'三无'货。"

"管它有没有,你又不用商标刷牙,只要牙刷好用就行了嘛。"

"我们当然不会用商标刷牙。但是你的牙刷却必须有商标才能证明你的货注过册,才具有合法性。"

"我的货当然是合法的,商标可能掉了。话说回来,我的电动牙刷可是真正价廉物美的呀!我比别的推销员每把少卖30元呢。"

"先不说你是否比别的推销员每把少卖30元,这事一时无法证实,也不需要在这里证实。需要追究的是,你口口声声说你的电动牙刷价廉物美,说是10元1把,但又说明电池是专用的,要15元一块,并且不可以充电,要每个月换一块;还有,你专门配备的牙刷头卖3元1个并且要每周更换,这样,用你的牙刷要每个月至少花费37元,哪里价廉物美?"

"不能这样算,要看保健效果嘛,想提高生活质量当然要花钱啦,大学教授每个月花几十块钱算什么嘛!"

"钱贵倒还在其次,你的牙刷就倒霉在什么'保健效果',它不仅不能保健牙齿，反而有损健康。大家看看，牙刷震荡得那么厉害，好好的牙齿都被震得松动了，只会更容易脱落，还说什么保健呢。"

"那是你老人家的牙齿，要是好牙齿就不怕震荡了。"

"你刚才不是说'万能保健，老少皆宜'吗？"

"那是……"

"生产保健品必须有国家卫生部的许可证，否则就是非法生产。你说'管它有没有注册'，这是违法的。"

"我管不了，又不是我生产的，我只是推销员。"

"推销员也不能推销违法品啊！"

"我说不过你们这些知识分子！你这老太太的牙齿可真厉害，我看你是真的用不着我的牙刷了。我什么也不说了。"

"你是说不过法律，说不过真理。"

"我不卖了还不行吗？好，我走。"

"你走不了啦。"大家这才发现，学校保卫处的郑科长已经来了。原来，威逻辑在与那个震动牙刷对话期间，早就有人去通知保卫处了。

"我们已接到上级文件，凡是私自到居民住户家里或者宿舍大楼推销'三无'产品的人员，都一律没收其产品，并把人送到市工商局听候处理。请跟我们走吧！"

"别！别！别！我这就走，保证以后再也不来了。真的！""震动牙刷"这一下才真的急了，忙着收拾背包。

"算了，让他走吧！"威逻辑走到郑科长面前说。然后又转向"震动牙刷"："但你要记住，不要再到住户家强行推销，那是强买强卖的'市场恶霸'行为。你还要告诉你的同行，不要再到这个大院来推销了。我们没有时间奉陪。"

"是！是！是！""震动牙刷"猴一样地溜了。威逻辑问郑科长："真的有你说的文件吗？"

"是学校保卫处准备发的文件。"

"那也好。我干脆帮你们放大复印，张贴在各幢宿舍楼的单元门口。"威逻辑主动请缨。

"好啊！我们原想下周再抽时间做，现在就提前运作喽！"

接下来的日子，宿舍大院清净了许多。而大家对威教授与牙刷推销商针锋相对的唇枪舌剑却都津津乐道,时有复述。

我旁听时就感悟道,威教授是在娴熟机智地运用逻辑反驳。她总是睿智地盯准了牙刷商的漏洞与谬误,从追问和反驳牙刷的厂家、商标、注册、价格、功能,不断对牙刷商进行逻辑的围追堵截,使狡黠又善诡辩的牙刷商(他可是很会转移论题的哟!)最后不得不服输,不得不缴械投降。至于具体反驳方式,无论是反驳其论题、反驳其论据或者反驳其论证方式,核心都是针对其牙刷为违法的"三无"产品,火力很集中。这样,不管牙刷商怎样转移论题,威逻辑都能够随机应变而又目标始终如一地继续进攻,乘胜追击,最终能够挫败油嘴滑舌的牙刷商。

那天,我把自己的以上看法告诉了威逻辑。她笑着说:"孺子可教!孺子可教!你只要继续培养自己善于思考,善于分析的思维习惯,就一定能够学有所成"。并语重心长地对我和并对身边的陈历史感慨地说:"对于各式各样的违法行为,逻辑只有与法律、法令相结合才有力量啊!"

第三篇 "威逻辑"教授察若透骨

问题集：

{逻辑怎样促进批判性思维？逻辑怎样提高学生心理素质？逻辑怎样提高学生文化素质？逻辑怎样使人思路敏捷？逻辑怎样使人火眼金睛？逻辑怎样使人明察秋毫？逻辑怎样化解恶作剧？逻辑怎样抵制抄袭行为？逻辑怎样戳穿作弊花招？逻辑怎样帮助逮马加爵？……}

问题解：

§15 再糊涂也唤你清清醒醒

(弟子 Q 的来稿)

中国有句俗语："小嘴薄薄，能讲会说"，这本来是由不完全归纳推理得出来的或然性结论，但当你在半年前接触到我校学生处的周处长，你就一定认为那句俗语是真理了。因为，我们的周处长很不爱说话，也很不会说话，而他的脸上就长着两片厚厚的嘴唇，俏皮的学生曾经说："周处长的嘴唇割一片下来就够炒一大盘了。"

周处长几次三番请求调动工作，说最好调离学校，至少也要调离学生处。理由很简单：因为自己不会说话，尤其说不过那些调皮捣蛋又油嘴滑舌的学生。有一天，周处长又在组织部交请调报告，正巧校宣传部的李部长也在，就说："这个问题简单，你去拜威逻辑教授为师嘛。她不仅教你说话，更重要的是教你会思考。"周处长将信将疑地找到了威逻辑。威逻辑听完来意后微笑着说："你别说什么拜我为师，咱们是同事，又都是教育工作者，以后互相帮助就是了。你可以把最棘手的调皮捣蛋事件说给我听听，我们一起分析分析，力求合情合理又合逻辑地解决。"于是，根据周处长的述说，威逻辑协助周处长做了几件事情。

这里只述及他们的逻辑合作之一———唤醒"双抠迷"。

打扑克牌玩"双抠",这一流行的娱乐方式传进大学校园,本是很正常的现象。但是,令周处长发愁的是那些不分昼夜晨昏的"双抠迷"。他们"两副扑克随身带,一有机会打起来。边打双抠边抱怨,不戴帽子不散开"。双抠迷们,有的为打牌经常逃学躲课;有的往往为对家的出牌失误由抱怨升格为破口大骂,拳脚相打;为了赢牌,有的还钻营种种作弊术,譬如挤眉弄眼暗示、土电话报信、障眼法偷牌、鬼抽手换牌,等等。更令人担忧的是,几乎每个学院都有"双抠迷",而且越来越多。威逻辑听了也很有感触,但仍然宽慰周处长:"这些'双抠迷'的确影响了校园的学习氛围和学子们的身心健康。我们要设法做到:让他们'打双抠'而不让他们'迷';让他们先在打双抠中理智起来,然后再帮他们在理智控制下有节制地打双抠。"

威逻辑的对策一:举办双抠比赛

具体做法是,由校学生会和共青团委联合组成"理智打双抠"工作小组,并郑重预告,将在合适时间举行全校性的"理智双抠"比赛。

按照威逻辑的建议,校学生会和共青团委把预告"理智双抠"比赛的舆论气氛制造得浓浓的,校报和校广播站时有相关稿子闪亮登场,或报道某某"双抠狂"近来的斯文相,或评论某学院"双抠迷们"的理智训练,等等。威逻辑则在此期间亲自为"理智双抠"制定了比赛三条例:

(1) 比赛优劣的评判标准是"结果"与"过程"并重。

(2) 比赛过程以文明、理智者为优。比赛过程应始终保持坦然与微笑,凡在比赛过程中传信息、递暗号、悔牌、抱怨、皱眉、做鬼脸等均为违规。

(3) 比赛设"双优奖"与"单优奖",前者奖励比赛过程及结果俱优的选手,后者只奖励比赛过程中文明理智的选手,若过程不文明,即使最终赢牌也不能获优。

威逻辑扼要地给周处长讲,这里要用到的是规范推理,即涉及"应(不应)该""允(不允)许""禁(不禁)止"等话语的推理,这些话语之间有一定的逻辑推导关系。我们要用这些逻辑关系的推导理顺自己的思路,制定可行的合情合理又合逻辑的措施,循序渐进地整顿校园"打双抠"秩序,即要引导同学们先在思想上形成遵守行为规范的意识,进而才有希望逐渐培养规范行为。

威逻辑又为周处长拟定了"理智双抠四大打法"的宣传提纲:课后双

休有余暇才能从从容容地打；游戏有规则就要规规矩矩地打；明知是游戏就要潇潇洒洒地打；大家是同窗就要和和气气地打。还为宣传提纲配上了颇具解释性和操作性的一个纯假言推理——

  如果要想在"理智双抠"比赛中获取双优，那么要在平时就理智文明地打双抠，

  如果要在平时就文明理智地打双抠，那么就要养成冷静宽让的态度，

  如果要养成冷静宽让的态度，那么就要分清游戏与正务，

  如果明白游戏与正务，那么就会正确对待游戏双抠。

  所以，如果要想在"理智双抠"比赛中获取双优，那么就要正确对待游戏双抠。

  周处长拿着这个宣传提纲到各个学院去宣讲，其语言之简练新奇，令同学们刮目相看。按威逻辑的建议，"理智双抠"比赛在之后两个月才举行，那是因为威逻辑与周处长达成了共识——比赛只是手段，帮助学子们养成良好的游戏观念和习惯才是目的。组织者应当清醒把握目的与手段，因此需要把"理智双抠"的舆论搞浓，声势搞大，把准备比赛的过程拉长，让更多的人知道"理智双抠"是怎么一回事，知道怎么参与，这才是目的。

  两个月后的"理智双抠"比赛采取分组淘汰制，利用双休日前前后后进行了两周。在"理智双抠"比赛之后，校园双抠迷的牌德牌风有了很大的改观。但是，学子们对双抠的迷恋似乎更加升温。周处长开始怀疑威逻辑的比赛效果，威逻辑则说，这都是预料之中的事，因为同学们会这样想：既然学校组织"双抠比赛"，那么学校就是允许学生打"双抠"的，从此可以放心大胆地公开打。所以那些偷偷摸摸打双抠的也就干脆由地下转到地面了。这实际上是好事，我们可以明显观察到"打双抠"出现的老问题和新问题，更利于引导啊！因为我们的目的不是禁止打双抠，而是引导同学们"理智地打双抠"。现在我们可以实施下一步计划了。于是，与周处长具体商谈了下一步对策。

威逻辑的对策二：发出"理智控制双抠"倡议

  威逻辑建议，由获得"理智双抠"的冠军计算机信息学院队和亚军旅地学院队联合发出"理智控制双抠"倡议。倡议中旗帜鲜明地提出"双抠"应

该这样打而不能那样打。

"'双抠'应该这样打"：完成学习任务后愉愉快快地打；遵守游戏规则要君君子子地打；忽略输赢成败能洒洒脱脱地打；重视友情乡情应亲亲密密地打。

"'双抠'不能那样打"：不能逃学躲课偷偷摸摸地打；不能废寝忘食日日夜夜地打；不能随处摆摊喊喊叫叫地打；不能假玩真赌元元角角地打。

威逻辑又为周处长的宣传提纲配上了具有说理性和操作性的一个纯假言推理：

如果要想"用理智和意志控制'打双抠'"，那就要做"双抠"的主人而不能做"双抠"的奴隶；

如果要做"双抠"的主人而不做"双抠"的奴隶，那就要用自己的理智控制"打还是不打'双抠'"；

如果要做到用自己理智控制"打还是不打'双抠'"，那就要理智分析自己读大学的任务和目标；

如果要理智地分析清楚自己读大学的任务和目标，那就要联系自己考大学的初衷和父母的期望；

如果回顾自己考大学的初衷和父母的期望，那就会明白你自己读大学的任务和目标不是成天"打双抠"；

如果明白你自己读大学的任务和目标不是成天"打双抠"，那么你就能把"打双抠"放在次要地位；

如果你能把"打双抠"放在次要地位；那么你就能理智地调控"打双抠"的时间和空间；

所以，如果要想"用理智和意志控制'打双抠'"，那么你就要理智地调控"打双抠"的时间和空间。

关于"打双抠"的时间和空间，威逻辑又有一段顺口溜——每周"打双抠"2—4小时为好；每次"打双抠"在宿舍或棋牌室为好；凡是"打双抠"以不影响别人的学习或休息为好；凡是"打双抠"以文明理智为好。

周处长又拿着宣传提纲及上述的配套宣传资料到各个学院去宣讲，其思路与语言的新鲜，自然又使各学院的学子大吃一惊。经过各个学院共青团委和学生会的配合，加之学生中的各个党支部也积极组织党员、团员、学生干部带头,"理智控制'打双抠'"的活动全面铺开,"双抠迷"逐渐减少,即使仍在迷双抠的学子,也逐渐理智起来。时不时还可以听到不知从校园何处飘来的声音"双抠应该这样打……""双抠不能那样打……"

周处长看着这样的战果,当然很感激威逻辑。威逻辑却说,应该感激你自己,是你强烈的责任感打动了我,我只是反复想过,"打双抠"是无法禁止也不该禁止的。要想既不禁止又不泛滥,那就应该分析其利弊,机智引导其向有利无弊或者多利少弊发展。于是,用逻辑分析把问题分解成为"牌德"、"牌风"两个方面,再把解决问题的操作分为"比赛"、"倡议"两个步骤,再去分别解决每个方面。"比赛"的目标主要是偏重于纠正"牌德";"倡议"的目标主要偏重于纠正"牌风"。你看,我不过是给你提供了一些逻辑思路和建议,而大量的具体工作都是你在组织做嘛。

周处长这才悟出了威逻辑教授建议组织"比赛"、"倡议"的逻辑连贯和逻辑奥妙。是啊,没有"比赛",就不能够合理产生对双抠迷有感召力的双抠冠、亚军,没有由"双抠迷"冠、亚军发出的倡议,就不会对"双抠迷"有那样的感召力。而威逻辑为自己编写的那两个宣传提纲,本身就是很规范很严密的逻辑推理,自然很有说服力,怪不得各个学院的学生们听了都直点头。

周处长在威逻辑的帮助下初战告捷,对学生工作有了信心,于是又请求威逻辑帮助解决另外两个难题:有的学生放肆喝酒、打麻将问题。这样就有了我们学校有名的"搬开啤酒桶"战役和"攻破麻将营"战役。那是后话,将在§16再表。

§16 再油滑也使你服服帖帖

（弟子Q的第二篇来稿）

　　前面说到，威逻辑帮助学生处的周处长做好了"双抠迷"的工作。初战告捷的周处长对学生工作有了信心，于是又请求威逻辑帮助解决另外两个难题，即设法改变学生宿舍里有名的两个"魔舍"："啤酒桶"、"麻将营"。

　　顾名思义，"啤酒桶"魔舍的学生放肆喝啤酒，"麻将营"魔舍的学生疯狂打麻将。

　　威逻辑同意帮助周处长解决这两个难题。这才引出了我们学校很有特色的"搬开啤酒桶"战役和"攻破麻将营"战役。

逻辑合作二——搬开啤酒桶

　　学生偶尔喝点酒，这本来不是个问题，但使周处长烦心的是，"啤酒桶"宿舍的学生没有节制地喝酒——据说其中的啤酒大王能一口气喝1件啤酒（12瓶），喝酒后就寻衅滋事，"啤酒桶"宿舍曾经发生过的血溅蚊帐事件，就是几个学生酗酒后打架所为。周处长去批评他们，他们还振振有词地说："我们喝酒是找灵感，你听说过'李白斗酒诗百篇'吗？"威逻辑听了周处长的情况介绍，若有所思，决定当天下午放学后就与周处长到有名的"啤酒桶"去。

　　号称"啤酒桶"的那个宿舍，门面外观与其他学生宿舍没有两样，可是进到里面，那就很异样，很另类了：门头上有一横匾，上书"啤酒桶"；横匾右边有一斗方，上书李白的《将进酒》，书法是很漂亮的，尤其是其中的"人生得意须尽欢，莫使金樽空对月。天生我材必有用，千金散尽还复来""古来圣贤皆寂寞，唯有饮者留其名"，更是写得龙飞凤舞又特别放大一号，十分醒目；6张高床下面的书桌后墙都有条幅，依次为：

　　"喝酒喝酒，越喝越有。"

　　"快乐莫过有酒！"

　　"喝酒能成仙！"

　　"醉里乾坤大，酒中天地宽。"

　　"越喝心越亮，三碗还过岗。"

"啤酒啤酒,一日不见,如隔三秋。"

威逻辑笑指着第六条幅说:"这就是'啤酒大王'的吧?"

当时在宿舍里的三个同学异口同声说:"威教授,你怎么知道?"

"这不明摆着吗?你们的条幅虽然都喜欢酒,但还都达不到酷爱,而啤酒大王已然把酒当作他生活的必需品,是他生命的一部分了,这就是'酒大王'的水平呀!"

大家鼓掌大笑,掌声把隔壁几个宿舍的人也吸引了过来。威逻辑趁势对同学们说:

"这个宿舍是有点酒文化的味道,但是要像现在这样不喝酒的时候才说得上,如果在'会须一饮300杯'时,那恐怕有的就只是'酒'的味道了吧?"

"老师,那时不止是'酒'味道,整个就是'酒疯'的味道呢!"

"可不是,整栋宿舍楼都闻得到他们的酒气,听得到他们的划拳喊叫。"

"要不,怎会叫他们'啤酒桶'?"

……

看热闹的同学们边插嘴边哄笑。威逻辑和周处长也跟大家一起乐。忽然,威逻辑话锋一转:

"今天星期五,是周末,今晚我和周处长请'啤酒桶'宿舍的同学们喝啤酒,地点就在这里,你们的'啤酒大王'爱喝什么牌子的啤酒,就让他打个电话告诉我。"

"他喜欢喝'百威啤酒',但是只喝得起'澜沧江啤酒'。"啤酒桶宿舍的人抢着回答。

"还是让他自己打电话给我吧,这样更尊重他而且更正式。"

威逻辑说完,就和周处长走了。

傍晚7点钟,威逻辑和周处长请人搬来了10件百威啤酒,堆成一座小山,还带来了一大袋花生米和冷牛肉片。

"威逻辑真请学生喝酒呀!"

"听说喝酒还有奖呢!"那些早就等着瞧热闹的学生见威逻辑和周处长来了,议论声就大了起来。

"不是'喝酒有奖',而是'有奖喝酒'。"

威逻辑微笑着纠正门口的说法,和周处长走进了"啤酒桶"宿舍。

"啤酒大王"刘久平赶快迎了过来,向威逻辑介绍:

"这是啤酒勺崔斗,这是啤酒盅黄林,这是啤酒杯戚敏,这是啤酒瓶邓辉,这是啤酒壶袁虎,本人自称啤酒桶,人称'啤酒大王'……"

威逻辑这才第一次看见了啤酒大王——其个子不高,其相貌不扬,较突出的是,一双小眼睛睁眼看人时有几丝神秘兮兮的嘲弄。

"好啊,啤酒大王,按江湖说法,我和周处长应该对你说:'久仰!久仰!'了。"

宿舍里外一片哄笑。威逻辑看看大家,不紧不慢地说:

"我们今天是'有奖喝酒',游戏规则很简单:我们一起讨论酒,谁有高见谁就得奖,奖励就是喝酒。为了避免考试式的机械提问,大家可以从这些纸条中随机抽题讨论。"

啤酒大王示意舍友们先抽,啤酒勺无奈地抽了第一张"酒是谁发明的?"啤酒勺读了条子就自答:"是杜康发明的。"

"是中国人发明的。"

"是杜康儿子的爸爸发明的。"

"是发明了酒的那个人发明的。"

威逻辑不看也猜得到,啤酒勺后面的说话顺序是啤酒杯——啤酒瓶——啤酒桶。话音一落,威逻辑就带头鼓掌,问大家:

"谁该得奖喝酒?"

"啤酒桶!""啤酒大王!"门里门外所见一致。周处长就递给刘久平一罐啤酒,他也不客气,轻轻一扯环栓,随着环栓咣啷落地,一罐啤酒也就咕嘟咕嘟落肚了。

"豪饮!""豪饮!"围观的一片唏嘘。

接下来的讨论题是"我国获得世界博览会金奖的是什么酒?""啤酒真是液体面包吗?""李白的诗都是喝酒喝出来的吗?""酒给过你什么灵感?"啤酒桶一直都巧妙地转弯回答,连连得奖,连连喝酒,直到"人为什么喝酒?酒为什么诱人?""为什么说'酒不醉人人自醉,人不醉酒酒奈人'?"等等,刘久平渐渐有点迷糊了,思路不那么顺畅,口齿也不那么伶俐了,他毕竟已一口气喝了 10 罐啤酒,整整 3350 毫升啤酒呢,至于啤酒勺、啤酒杯、啤酒瓶,则状态也不好,他们好像都没有精彩之言,也就没有被获奖喝酒。在论及"过量喝酒是不是自戕?""无节制喝酒是不是在喝父母的血汗?"时,啤酒大王忽然失声痛哭起来。威逻辑也不劝慰、不制止,转而对围观的同学们说:"酒是粮食的精华,是人类文明的标志之一,酒是有灵性的,应该在值得激动和值得庆贺的日子适量喝,如果不分日子地狂喝滥饮,那就既对不起酒,也使自己堕落成为酒的奴隶了。学生处已经做了安排,从今天起,全校同学来个'喝酒大辩论'。现在请周处长先给吹吹风,大家欢迎!"以前口讷的周处长,有了威逻辑助威,居然在掌声后侃侃而谈:"我们初步拟出100个题目供大家写关于酒的小短文,好文章可以在校报上刊登或校广播站广播;我们还要设立一个喝酒格言擂台赛,凡是得胜的擂主都有奖励。喏,这些都是奖品。"周处长指着门口那堆小山似的百威啤酒。

原来如此!大戏竟然还在后头!你们应该想得起来,在以后的两个多月里,学校掀起的"喝酒格言大比拼"热火朝天,"喝酒格言"的擂台几乎天天都有新擂主,擂主们不断推陈出新,发明着越来越精彩的喝酒格言——

"酒是甘露液,只能偶有几滴,不能瓢泼大雨。"

"酒是花,只能一枝一芽,不能浑身遍插。"

"酒是桥,只能借桥过河,不能以桥为窠。"

"酒是火,只能借火点灯,不能引火烧身。"

"生活是菜酒就是盐,多一点不如少一点。"

"酒是奴仆我是主,酒多害主我变奴。"

……

学校的广播站天天都播出"喝酒格言新擂主"揭晓、"喝酒新论介绍"等栏目,那种热闹、欢快的气氛,把邻近兄弟院校的莘莘学子引来不少。那个啤酒大王呢,威逻辑后来单独找他谈心,了解到,他因烦闷父母离异,很小就学会了喝酒,开始时喝的是高度烈性酒,在初中时曾喝得胃出血住院,后来才改喝啤酒。由于可以向离异的父母双方分别要钱,他的酒钱一般都有着落,只是近来生父和后母的生意不景气,生母也下岗,酒钱渐渐吃紧,所以那天说到"学生无节制喝酒是喝父母的血汗"时,他才会大放悲声。以后,威逻辑和周处长又分别和啤酒大王多次接触交谈,成了老熟人老朋友。

"喝酒格言擂台赛"的最后一幕是:啤酒大王刘久平亲自到广播站声泪俱下地播读《我的喝酒历程与思考》;他还亲自摘下并捣毁了张挂过两年的"啤酒桶"匾。而全校学子的最大收益,就是对酒在生活中的定位有了新的理性诠释,大多数人都可以自信,今后不会在喝酒问题上迷失方向了。

最受启发的是周处长,他对威逻辑说:"我真正是服了你,你只用了一些讨论,怎么就能把他们的酒瘾给治了呢,而我就怎么看不出一点逻辑来?"威逻辑告诉周处长,这是逻辑与世界上最先进的 AA "人际戒酒"法的巧妙结合。这种 AA 戒酒法,是通过组织嗜酒者们聚集在一起,成立"嗜酒者互戒协会"并且定期召开工作会议,彼此坦诚诉说喝酒万状,在引导嗜酒者敢于正视自身对酒精依赖的前提下,嗜酒者们能够渐渐在互动谈心中互助、互励、互督,最后达到互戒。现在世界上已经有 97000 多个"嗜酒者互戒协会",我国的北京等地也开始采用了 AA 戒酒法。我们的"喝酒格言擂台赛"其实是活学活用了 AA 戒酒法。"喝酒格言擂台赛"把 AA 戒酒法和逻辑反驳结合起来,只不过我们移植过来的 AA 戒酒法不局限于嗜酒者参加,并且逻辑反驳也不是单纯的个别人的言语反驳,而是发动广大学子的言语反驳加上行为反驳,因为我们的目标不是仅仅使啤酒桶宿舍的 6 个人戒酒,而是要对广大学子进行一次"正确喝酒"的教育,因此对嗜酒者采取了欲擒故纵式讨论。逻辑思路是以其人之道还治其人之身,先进入嗜酒者们既有的喝酒理念和程序,然后再干扰其理念、中断其程序,将其引入理性的新程序,在新的价值系统中正确认识和正确定位喝酒行为。行动从思想来,只有让同学们在喝酒格言擂台赛中不断选择或否决擂主的说法,自由演绎多种结论,在思想上自己分辨孰是孰非,自己教育自己,自己战胜自己,最终才能够自己解放自己。这是引导同学们进行批判性思维,让他们多思、反思,把问题的方方面面都搅动起来思考,经历了这样的充分讨论过程,才可以明显看出啤酒桶原来那些喝酒观念和行为的荒谬,只有把啤酒桶们的错误演绎到荒唐可笑的地步,好酒贪杯的啤酒桶们才会自惭形秽,也才有可能放弃旧的思维理念,接受新的喝酒理念。而其他学子也才能在充分讨论过程中明白如何正确对待喝酒的事理。这样的操作程序,与 AA 戒酒法原理相通而且更有逻辑性。当然,在广泛讨论喝酒行为和喝酒理念的这一段动荡思维期间,还需要加大正确观念的竞争力度,所以我们才要和啤酒桶交朋友,你想,我们俩那么多次和啤酒桶谈话、聊天,难道只是消遣吗?我们是完成了多少个 AA 戒酒法的工作日啊!威逻辑的这番逻辑解释,使周处长大彻大悟,对下一战役更有信心了。

逻辑合作三——攻破"麻将营"

早就听说学校要限制学生打麻将的时间、地点和方式,可是学校广播站连续播"停止打麻将"的呼吁、反复播"限制打麻将"的建议,等等,很热闹了一段时间都没有见动真格的。现在知道周处长和威逻辑去征服出名的麻将营了,同学们都翘首以待。

校学生公寓一般是本科生 6—8 人住一间,号称"麻将营"的 731 宿舍却因为是原来的值班室改的,比其他宿舍小 6 平方米,故一直只住着四个同学。威逻辑一进这个宿舍,就明白了该宿舍之所以能够成为"麻将营"的一个现成的充分条件。你想,他们 4 人何等方便,不多不少,正好凑成一个麻将桌,4 人同住一屋,4 人都上阵,无论打到几更几点,反正不牵扯别宿舍的人,别人也就不一定知道他们在做什么,只是洗牌的声音难于完全消除,再加上这 4 个学生常常熬夜打麻将,白天都萎靡不振。这才使得同学们称之为"麻将营"。对于威逻辑和周处长的到来,"麻将营"似乎早有准备,宿舍收拾得干干净净,麻将桌也不知藏在哪儿了。

"你们的麻将桌呢?"威逻辑温和地问。

"麻将桌怎么啦?打麻将又不犯法。"被同学们戏称为"大麻精"的林过凡甩过来硬邦邦的一句。威逻辑爽朗地笑了:

"是啊,不犯法。没人说'打麻将犯法'呀!麻将制造出来就是让人打的嘛。据说,某位伟人曾说过:'中国对世界文化的贡献有两个,一个是红楼梦,另一个是麻将'。"话音未落,屋里忽然响起了几下掌声,原来是该舍的"二麻精"、"三麻精"、"四麻精"鼓掌。

"欢迎威教授来我们宿舍讲课!"几个"麻精"真"精",竟然将了一军。

"欢迎讲课?这很友好,谢谢!说到讲课,我们今天来不是讲法律课,而是讲一点逻辑常识,我们一起弄个清楚,'麻将'与'赌钱',不是一个概念,也不是一回事。不是'麻将'错,而是'赌钱'错!其实,你们已经明白这点,把麻将桌收起来,多少有点心虚嘛,难道不是吗?"几个"麻精"互相看看,都不置可否。

威逻辑继续说:"其实,打麻将本来是娱乐,偶一为之是可以的,只要不到'贪'的程度,不到'赌'的地步,那就无可厚非。"

"我们只到'贪'没有到'赌'。""大麻精"分辨着,但显然言不由衷。

"那就说'贪'。你们知道,中国有句老话'玩物丧志',你们是大学生,正值生命的春天,是'年少青春春正好',就该'奋发有为为真理',成天贪恋麻将桌,那或者是无志大款们的无聊消遣,或者是想发财而无真本事者的无奈祈望,又或者是心理不健康的老头子、老太太的生活追求。"

"是啊,心理健康的老头子、老太太都不至于成天打麻将,还要搞点社会公益、旅游、大秧歌什么的!"周处长也配合上了威逻辑。

"今天就不多说了,看来大家还是分得清楚'麻将'与'赌钱'的。既然知道对麻将已陷入'贪',那就预祝你们变'贪'为'不贪'吧!"说完,威逻辑和周处长就在一片掌声中走了。

接下来,威逻辑建议周处长做三件事:

1. 把"四麻精"从"麻将营"调配到另外一幢宿舍;
2. 请各个学院的学生会宣传,以后不许再叫731宿舍"麻将营";
3. 最近一段时间的周末,由周处长和威逻辑轮流请"大麻精"打麻将。

两个月以后,不仅731舍这个"麻将营"没有了,而且学校的搓麻将声也听不见了。

周处长问威逻辑:"这个'麻将营'怎么就这样冷冷清清地被您威逻辑温温和和地给处理了?这里面有什么奥秘?"

威逻辑这才点破:"其实,同学们心里都知道沉溺于打麻将是错误的,有了这个是非观念,才有了我们做工作的基础。我们去731宿舍之前的舆论宣传,已经起到敲山震虎的作用,所以那天到731时,我们连麻将桌都没有看到。我们在731说的那些话,不可能直接起到多大作用,但是却能加固同学们心中的正确认识和冲击其错误观念。接下来做的事情,第1件事很关键,把'四麻精'一调开,'麻将营'就只有三个同学,让他们总是'三缺一',这就破坏了他们天然构成麻将桌的一个必要条件,这是很重要的逻辑思路,如果没有这样一个逻辑举措,就不可能破坏他们的最佳组合。因为,逻辑学所揭示的必要条件,是任何一件事情能够做成的必不可少的条件。必要条件的这一逻辑特征可以启示我们,如果要想使一件事情做不成,那只要想办法破坏它的一个必要条件,就一定可以阻止它。"

"可是,别的宿舍还有人啊,他们可以到隔壁去找人嘛。"周处长仍然困惑不解。

"可以是可以,但却不方便了嘛。而且在我们去过731的背景之下,隔壁邻舍的同学们自然明白调开'四麻精'的用意,不会轻易加盟'麻将营',因为这到底是在大学的校园里,莘莘学子的素质毕竟是不同于市井小儿嘛!何况我们还有第2招、第3招配合呢。我们做的第3件事,是在周末轮流请'大麻精'打麻将,这仍然是持续破坏731麻将桌的又一个必要条件,使他们至少'三缺一',甚至'二缺二',而且,在我们与'大麻精'打麻将时的那些巧妙开导,以及我们的健康心态、文明举止等的无声熏陶,那是会潜移默化地影响'大麻精'的,他会悟出'打麻将也可以有高雅的玩法'。当然,我们为此可真牺牲了不少时间。要不是为了想方设法教育'大麻精',我可舍不得花那么多时间去陪人打麻将哟。"威逻辑说。

"让我做的第2件事情我懂,那是不让731宿舍有自卑感或者自大感。您在治理'双抠迷'和'啤酒桶'时都特别强调过,而且很注重调动校园文化大环境的配合。这一点我感受最深,我以前就是比较孤立地看待那些'刺儿头',只想怎么——收拾他们,又加上操之过急,一时看不到收效就浮躁不安,结果越弄越糟。"周处长很坦诚地说。

"好啊!我们周处长不愧是军人出身,有敢于自我解剖的勇士之风。其实勇敢不只是体现在敢于拼杀,更伟大的勇敢是敢于解剖自己、战胜自己。只要有这种精神,就会为实现目标千方百计地努力拼搏,有了'千方百计'又有了'努力拼搏',那就没有做不好的事情。"威逻辑赞赏地说。

"要有'千方百计',思路很重要,这算是几个月来我最大的收获。思路也就是一种逻辑程序吧?"周处长问。

"完全正确,加50分!"威逻辑很高兴周处长的迅速成长,尤其是他能悟到解决问题要重视逻辑思路与逻辑程序。

"小周,你现在明白了吧,其实做大学生的思想工作,或者推广到做任何说服工作,并不在于口头的功夫,更不在于嘴唇的厚薄。而是在于思维的功夫,善于思考的人有时还不一定善于表达。但是,如果连思考都稀里糊涂,那就一定说不清楚,因为'善于思考'是'善于表达'的必要条件!"周处长抢接了威逻辑的话语。

"对!对!对!你悟性真好!从此,你可以独立操作了。"

"不!不!不!您还得继续帮我、教我。您永远是我的老师!"

"没有永远的老师。我们是同事!互相帮助是应该的。以后我若需要你帮忙,你会帮我吗?"

"当然,当然会!"

"那么,我也会!"威逻辑微笑着与周处长握手告别。

由于目睹了威逻辑与周处长那三个成功的逻辑合作,我们从中也明白了这样一个朴素真理：善于思考是"能讲会说"的一个必要条件，要想"能讲会说"，绝不能不善思索；而"小嘴薄薄"却绝不是"能讲会说"的必要条件，因为，没有"小嘴薄薄"这个条件，经过逻辑训练和逻辑启发的周处长照样可以"能讲会说"。

因此，凡是有着厚厚嘴唇的周处长们，完全用不着自怨自责，更用不着自暴自弃。

逻辑时空 | 校园逻辑

§17 再捣蛋也让你规规矩矩

（弟子R的来稿）

人说"初生牛犊不怕虎"，在刚刚进大学的新生里，不时会有几个敢于在威逻辑教授面前撒野的。这些小捣蛋者，有的是因为"初来乍到，摸不着锅灶"，尚不知晓威逻辑的大名，看威逻辑温文尔雅就误以为可欺，那是有眼不识泰山；有的则是由于从高年级那里已经对威逻辑的传说耳熟能详，太知道威逻辑的大名，而故意想在刁难中考察威逻辑是否名副其实。2001级新生中，就有少数几个小愣头儿青，演出过几幕闹剧。

闹剧一——点名风波

学校的大多数师生员工，都知道威逻辑教授高度近视，一般都会出于敬爱地尽量帮助威教授，比如看见威教授时，都会主动打招呼，看见她上下楼梯时都会主动上前搀扶……威逻辑教授也常常心存感激地说："谢谢你们借给我明亮的眼睛！更谢谢你们送来的关爱之情。"但是，计算机科学与信息技术学院2001级扩招进来了几个小愣头儿青，他们听说了威逻辑的大名，就选修了威逻辑的全校公选课"趣味逻辑"。第一次听绪论课，威逻辑的旁征博引及深入浅出就把他们折服了，他们很想试试威逻辑的推断能力。就做了点小小的恶作剧策划。

第二次上课伊始，威逻辑按规定程序点名。这里要补叙一下——威逻辑一般是不点名的，因为只要听过威逻辑讲课，就会巴望着下次课快来，不是万不得已，学子们绝对舍不得缺课。只是校教务处规定：由于校级公选课跨学科、跨学院，有的学生又中途改变选修科目，管理难度大，因此统一限定，第一次是试听；第二次上课时以实到者确认该门课程的选修资格，凡无故不来者就不能继续选修该门课程，也不能参与该课程以后的考察和记学分等。威逻辑点名就是在执行教务处的指令。点到"张可可"时，约有2秒静默，接着就有几个声音同时回答"到""有""在"，于是课堂有点小小的骚乱，威逻辑微笑着扫视了教室说：

"你们5位都是张可可啊？但是我推断，张可可这人肯定没有来！"

"老师,您错了,张可可来了,我就是!"

"是吗?你怎么证明你就是张可可呢?"

"这是我的学生证。"

"好啊,让我看看。"威逻辑走下讲台,验证了张可可的学生证。

"同学们,我推断错了吗?"

"推错了!"有几个声音比较统一,有更多的是窃窃私语。

"我,没有推断错。我只是说错了,而且是故意说错的。"威逻辑充满了自信。

"错就认错呗!"教室里的一阵声浪中隐约可辨出这句话。

"不错就不用认错呗!"威逻辑先爽朗地笑着说,略微停顿了一下又接着说:

"请同学们想一想,我的思路是:如果我说'你们几人中究竟谁是张可可?'那么我就预设了张可可已经来了,这样,无论他实际上来了还是没有来,你们都可以说'没有来','请假'之类,而我却无法找到他没有来的证据,因为我还不认识张可可。但是我说'张可可没有来',那么,无论他来或没来,我都可以进退有方,若他真的没有来,我说对了,哪怕你们中有人冒充,我可以坚持要看学生证而暴露真实情况;但若他来了,他一定会反驳我,因为这关系到他能否确认选修这门课程,他要反驳就一定会提供证据,那样我就可以间接地持之有据了,这你们已经看到了。而且,同学们跟老师开这样的玩笑,一般都希望看到老师出错、认错,我就暂时满足一下这些同学的虚荣心,故意表现出猜错了。这样,他们的情绪可以得到宣泄或释放。这样的故意说错,正是老师对同学们的一点理解与友好。怎么样?你们说我的推断究竟错了还是没错?"

"没有错!"这次几乎是异口同声了。然后,威逻辑教授简明扼要地给我们讲解了逻辑语用学的话语预设、语用推理的功能,并鼓励有兴趣的同学找她继续探讨。

课后,计算机信息学院的那几个同学主动找威逻辑承认了他们策划恶作剧的错误行为,表示更加佩服威逻辑了;又主动坦白他们本来还策划了第二招——互相顶替,即点"李四"时王二回答"到",点"王二"时赵三回答"到",并且天真地问威逻辑,这样的伎俩威逻辑能否识破?威逻辑意味深长地说:"也许我一时不能识破,因为你们是新生,我还不熟悉你们,但是,迟早总会识破的。你们要记住鲁迅先生说的话:'捣鬼有术也有效,但是有限,以此成大业者,几乎没有。'"那几个学生只有点头的份,算是又一次领教到了威逻辑教授"以柔克刚"的厉害。

闹剧二——作业再版

新同学们的另外一个小把戏被威逻辑戏称为"作业再版"。

那是发生在2002年1月初。已经到了学期末,2000年级新生钱磊,公然把1999级与他同名同姓老生的逻辑学作业涂蒙了评语后交给威逻辑。

需要补充的背景情况是:威逻辑每周布置的作业虽然题量不大但是题型比较多,又采取学生自己当堂批改作业,即每次上课时威逻辑都先分析讲解上次的作业,让同学们对照答案自己修改,她称这样的作业方式为"双重练习"。她历来提倡一题多解,每讲完一题就问:"有不同思路或答案的同学请讲!"由于威逻辑一贯体现学术民主,凡是有不同看法的同学都敢于起来陈述己见,只要言之成理,她都会认可和表扬。这样每次作业都有"初版"和"修订版",一学期下来就有整整一本练习簿。而且她的作业是临近学期末才统统收走,评分完又返回供学生自己复习。作业总评分的高低,是根据学生对自己历次作业修改的认真程度,即主要看"修改版"对"初版"的改进程度,并不只依据你每次作业"初版"的对错。这样的评价机制,使同学们都犯不上抄袭别人的作业。威逻辑这种提倡自己纠正自己,自己提高自己的"双重练习"学习法,的确使学生受益多多,尤其是自己做错了又经过自己纠正过来的那些题,印象实在深刻,也更直接感受到了威逻辑经常说的"错误是金"的格言。而威逻辑对每本作业的期末评语,往往慧眼独具,用语精辟,具有收藏价值。

不知道2000级新生钱磊是怎么想的,公然敢以1999级老生钱磊的逻辑作业来顶替他自己的学期作业,还自以为用涂改液蒙盖了威逻辑的作业评语,就可以骗过高度近视的威逻辑。哪知道威逻辑虽然生理近视而在思辨领域却有一双火眼金睛,可以视若透骨。更何况,威逻辑的作业布置讲究变化,连同一学期的不同班级都不一样,不同年级那就差异多了。因此,当威逻辑批改完作业返回给大家时,就说:"请大家传阅这份作业,特别注意评语。"(威逻辑有个传统,优秀的作业都要给同学们传阅,同学们也很喜欢争相传阅威逻辑推荐的作业,因为那往往配有威逻辑精妙的评语)新生

逻辑时空 | 校园逻辑

钱磊的作业评语是:"本世纪已非上世纪,此钱磊岂仍彼钱磊?作业再版诚荣幸,无奈作者不是君!"

2000级的同学们,起初没有发现钱磊的作业是抄袭的,弄不明白威逻辑的批语所指。威逻辑看大家茫然,这才说:"这本作业的真正主人是1999级的钱磊,这已经是他上个世纪的作品了,现在被你们班的钱磊再交给我。所以我说是'再版'。这是逻辑推断加事实验证的可靠结论。整个过程有若干推理,我先是发现里面的有些题目与你们班所布置的不同,产生疑问,这里有选言推理的否定—肯定式,你们已经学了一学期的逻辑学,同学们可以自己去推断。为解答疑问,我面对灯光透视末尾的涂改部分,才发现原批语依稀可见。于是查对了1999级的名册,果然就有个姓名一模一样的钱磊。到此,我已经用充分条件假言推理肯定前件式解答了自己的初始疑问。为慎重起见,我又查看了布置给1999级的作业记录,证实所交的正是1999级的作业题目。名册和作业的双重证据,证明了我的推断可靠,这才敢写下你们看到的评语。钱磊同学有不同意见可以起来反驳我。"

那时的钱磊,自知理亏,早把头埋在手臂里趴在桌子上。威逻辑则轻轻走过去,对他并且也是对全班同学语重心长地说:

"知道错了就好,我不是常常强调'错误是金'嘛!之所以我对抄袭一类行为特别严厉,是因为这样的行为危害很大,若是抄袭那些已经发表的文章去再发表,那就是学术剽窃,那就是犯了有损人格的大错误了。所以,老师发现有抄袭行为而不及时纠正就是对你们的不负责任,希望你们能够理解。"

这就是威逻辑,就是一贯能把推断与事实、把宽容与严厉、把鲜花与荆棘、把学逻辑与学做人等既分辨得清清楚楚,又结合得妥妥帖帖的威逻辑教授!

后来,我们几个同学把威逻辑推断钱磊"作业再版"的思路整理一通,发现各人整理的推理形式不尽一致。满腹疑问地去请教威逻辑,威逻辑却很高兴地说:"这才是很正常的。因为有效的推理都是能够必然带给我们真结论的,在前提真实的条件下,每种演绎推理的有效式就是推演出真结论的一个充分条件,因此都可以将相同的真实前提分别进行有效推演,最后的推理结论应该是相同的。这就是实现'殊途同归'嘛!"

于是,我们又从威逻辑那里学到了"逻辑的活用"或者说是"活的逻辑"了。

§18 再狡辩也知你转移论题

（弟子 S 的来稿）

威逻辑教授似乎总是那么清醒和理智，无论你想出多么离奇的招术去干扰她的思绪，她都可以很灵巧地回归她自己铺设的思路。对此，学生之间还有一种说法：威逻辑是逻辑世家，她的每个细胞都有逻辑基因（据说她的父亲、丈夫、儿子都是教逻辑学的）。这种说法是否正确没有考证过，但大家都知道威逻辑的夫君倒真是附近一所高校的教授，威逻辑的家原先就是在那所高校的宿舍区，是近年才搬到我校的教师大院的。而威逻辑的逸事，有的就是从那所高校流传过来的。

据说，有一次威逻辑骑自行车回家，才进大门就看见大院的主干道上有若干大学生在打羽毛球。于是，威逻辑就下车慢慢推行。已经快进教师宿舍院了，突然，正前方的一个大学生快速后退抢接羽毛球，退撞在威逻辑的自行车前轮上。好在威逻辑已经马上立定站住，所以双方都没有任何损伤，但是却有下面一段对话：

大学生（怒冲冲地）："你为什么要从这里走？我们天天都在这里打球的。"

威逻辑（温和地）："对不起！因为我的家在里院，必须从这里进去。不过，恐怕应该是我问你'为什么在路上打球？'现在怎么变成了你反来问我'为什么在路上走路？'"

大学生："大学生要锻炼身体嘛。"

威逻辑："照你的说法，因为大学生要在路上锻炼身体，所以，大学老师就不应该在路上走路了？"

大学生："你也是，这张单车那么破了还在骑，干脆扔了算了。"

威逻辑（忍俊不禁）："我的单车破不破与本问题无关。倒是你的'转移论题'太典型了，请问你是哪个系的？"

大学生："你管不着。我不告诉你。"

威逻辑："是吗？可是我已经知道你是哪个系的了。"

大学生："不可能！"

威逻辑："你是无理系的。"

大学生："错！我不是物理系的。"

威逻辑："没错。你现在是无理系的，而且学的是吵架专业。"

……

旁边围观的大学生哄然大笑。

有人伸手把那个大学生拉走。威逻辑也就微笑着走进教师大院了。

事情如果只是到此为止，那么只不过是个小小闹剧，只要一笑了之就可。但是，戏剧性还在后面。那个大学生虽然不可能学吵架专业，但却果真是物理系的。尽管这"物理"不是那"无理"，但那学生后来还是感觉到了自己的不礼貌和违反逻辑，于是主动找威逻辑道歉。经威逻辑的指点，他明白自己前次言行违反的是逻辑同一律。如果经常有意无意地违反同一律，就会不知不觉地"偷换概念""转移论题"。那就在讨论问题时不能使自己的思维沿着一个确定的方向深入探讨问题，而且，时间长了，还会让人觉得你"强词夺理"、"扯野"、"混账"。

那以后，在与威逻辑的多次交谈中，他越来越感受到了威教授的逻辑引力和人格魅力，渐渐与威逻辑结成了忘年交，毕业后报考了威逻辑所在硕士点的"计算机逻辑应用"方向。

当然，上面传说里威逻辑指出的转移论题错误虽然可笑却很轻微，因为只是那学子一时语塞的糊涂对答。更有价值的是威逻辑对另外一个恶劣狡辩者的驳斥。

威逻辑教授对贫困学生很关怀，常常尽其所能地在学习和生活方面都帮助他们。因此，不仅贫困学生喜欢威逻辑，就是贫困学生的父母也知道学校里有个威逻辑，遇到有机会到学校看孩子，总会想法与威逻辑谈谈。下面一段对话就是一个贫困学生的家长向威逻辑诉说的委屈——

有些城里人看不起我们老农民，我昨天去给娃买鞋子，就吃了一肚子气。当时，我看见柜台里有一双球鞋合适我娃，就招呼售货员：

"同志，请过来拿这双鞋子给我看看！"说了几遍都没有人理，我就问：

"这双鞋怎么卖？"

"摆着卖。"那边甩过来一句，怪声怪气的。

"哎,同志,我是问这鞋子多少一双。"

"两——只一双。"那边又甩过来一句。我气得说不出话来,他们几个倒是笑得拍手拍脚的。

威逻辑也气愤了:"真有这样恶劣的售货员?"

"这是真的,不信我带您去看看。"威逻辑也就真的跟着那位大娘去了。

也许是看见来的两个仍然是可欺的老大娘,也许是认出了其中之一就是他们昨天恶作剧的对象,某售货员的一切又都故伎重演。当她说了"两——只一双"后,威逻辑不慌不忙地问:

"您说是两——支(只)一双?你们大家可都听见了吧?"(威逻辑问围观的几个人)

"我就是说了'两只一双',你要怎样"。

"我要买,我这里有两个两支(只)(举手中两支铅笔和两只纸蝴蝶),随便你挑一种,请给我一双。"

"你神经病!两支铅笔或两只破纸蝴蝶就想换一双球鞋?做梦吧!"

"做梦不做梦是另一回事,刚才你还重复强调了一次'两——支(只)一双',你可没有说是'两支(只)'什么呀!"

然后,威逻辑就向围观的人们讲述了农村大娘两天买鞋的遭遇,一时间,引起了大家的公愤:"太不像话了!""去找她们领导!""去投诉她们!"

威逻辑:"还有,你刚才说鞋子是'摆着卖'的,既然商店里的鞋子是自己'摆着卖',要你这个售货员有什么用处,你就应该下岗了。我现在就去找你们领导,看他们管不管。"威逻辑说着就真朝经理室走去。

后来知道,威逻辑对该商店有一番义正词严的批评:"在购物环境中对同一个过程的同一个问题,大家彼此都约定俗成地知道,问'怎么卖'或者问'多少一双(件)'是问价格,不可能是问'吊着卖'、'挂着卖'或者'是否三只一双'之类,那个售货员如此恶劣的偷换概念和转移论题,这不仅违反了逻辑规律,而且也是违反了职业道德,应该予以批评教育,并且应该让她向顾客道歉。如果你们不管,我们会向'消费者协会'投诉,而且还会请求新闻媒体声援。"

在威逻辑的批评和督促下,商店经理马上出来向农村大娘道歉,而且该商店经理十分佩服威逻辑,请求威逻辑抽时间给他和商店的职工讲逻辑知识,提高售货员的文明素质。

再后来,该商店聘请威逻辑做了他们的逻辑顾问和法律顾问。

§19 没读过原文但查出抄袭

（弟子 T 的来稿）

说到毕业论文的指导,想提高水平的同学都很盼望能分在威逻辑教授名下接受其指导,而想偷懒的同学却生怕被分给威逻辑。因为,威逻辑教授指导的论文常常要求你"要在规范的学术论文逻辑框架中言之成理、持之有据","不仅论点与论据之间要有逻辑联系,而且论点与论点之间、论据与论据之间也应该有逻辑关系";威逻辑教授还给同学们传授过学术论文写作的三个层面,其中最深的第三个层面必须包含四个逻辑板块:逻辑指向、逻辑重点、逻辑因果、逻辑视角。

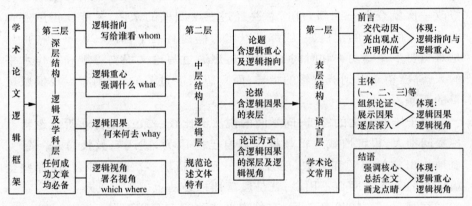

上图提示:

写论文时的构思顺序:先进入第三层即深层结构——二中层结构——一表层结构

读论文时解读的顺序:先进入第一层即表层结构——二中层结构——三深层结构

在这个示意图里,威逻辑解剖了既成的规范论文结构的三个层面:

第一层面是论文最表层的语言形式,即人们第一眼看到的,是论文话语的前言、主体、结语。这个层面不需要经过特别的学习就能从文面的自然段落看出来。

第二层面是论文中层的逻辑结构形式,即人们需要学习过论说文的有关知识,并且对论文要稍加分析才可以发现其论点、论据、论证方式。

第三层面是论文深层的思想内容与逻辑思维、逻辑框架相融合的逻辑思路,是涉及逻辑构思和所论及的学科层。需要经过较深入的学习或分析,才能够弄清楚隐藏的逻辑指向、逻辑重点、逻辑因果、逻辑落款。任何论文的深层面的逻辑框架,实际上已经是对于该论文的内容与形式的综合安排了。

更有启示性的是,威逻辑指出,在已经既成事实的论文那里,人们的解读顺序是:表层——中层——深层;而在论文写作过程中,人们的思考及行文安排顺序却是深层——中层——表层。因此,威逻辑很重视帮助你理清楚逻辑思路。你的毕业论文要是归由她指导,那么从选题到提纲再到每一稿,威逻辑教授都会直言不讳地指出你的逻辑漏洞或逻辑欠缺。当然,威逻辑教授也会很有启示性地向你提出修改建议,只要你照办,肯定能够每修改一次就登上一个新台阶,总要经过三至四稿的来回,才能获得威逻辑的通过。而最终的定稿,一般都可以比初稿提高两个档次(20分左右),只是难免要多花些功夫和时间了。所以,想通过写论文提高思维和写作水平的人,都巴望着得到威逻辑的指导;而只想蒙混过关的人,则有点畏惧威逻辑的严谨。

对于毕业论文的答辩,同学间的说法倒比较一致:"很喜欢听威逻辑教授提问别人,很害怕威逻辑教授提问自己。"因为,威逻辑教授总是一针见血地指出你的问题和欠缺,而且常常火眼金睛地多次逮住抄袭者,那些全篇抄袭的落入法网自不用说,就是段落性抄袭的也逃不过劫难。

案例一——1999年5月,文秘专业本科论文答辩现场

背景介绍:威逻辑教授作为该论文的主辩教师,头天就已读过并发现该论文有抄袭嫌疑。该论文题目是《古代秘书考》。

威逻辑:"你刚才的'论文陈述'为什么显得疙疙瘩瘩,很不流畅?"

学生:"我有点害怕。"

威逻辑:"是害怕还是生疏?"

学生:"都有一点。啊……?不生疏,不生疏!我自己写的怎么会生疏呢?我只是第一次参加答辩,太紧张了。"

威逻辑:"唔。你不用害怕。既然不生疏,就不必紧张。论文的全部都是你自己写的?"

学生:"全部都是我自己写的。当然,也参考过一些资料,论文是允许参考的呀。"

威逻辑:"是的,论文是允许参考的。但要看你怎么样参考。我们现在来看你的论文《古代秘书考》,请读一下你的这段古文引文(该生读得断断续续,还读错了两个很关键的字)。你一共写了几稿?"

学生:"写了……三稿。不是要求三稿定稿吗?"

威逻辑:"你的第一稿、第二稿与现在的这个定稿有什么区别?"

学生:"第一稿简单些,第二稿比第一稿内容丰富,第三稿最丰富。"

威逻辑:"你说的是真实情况吗?"

学生:"……是的。"

威逻辑:"可是,这位同学,论文指导教师给你的评语与你说的情况正好相反。该评语指出,你的第一稿篇幅太长,是许多资料的堆积,但第二稿已然眉目清秀,短小精悍,进步很大。这暗含着你只写了两稿。究竟谁说的是真话?"

该学生一时无语。

威逻辑:"我愿意相信你没有说假话,但要请你把前面两稿拿来看看。"

学生:"……前两稿被我扔了。"

威逻辑:"唔。即使没有扔,恐怕你充其量能拿出一稿。是不是?请说真话。"

学生:"……是的。我只写了两稿。"

威逻辑:"同学,凭着你在答辩中表现出的古汉语水平和文字组织能力,你不可能只用两稿就写出这样高水平的论文,请带上你的所有参考资料,下来找答辩委员会讲清楚你的'借鉴'真相(威逻辑温和的话语中透露出几丝威严)。"

后来,该学生只好向答辩委员会如实承认了抄袭,并且交出了所抄袭的原版论文——1998年第3期《文秘工作》中的《古代秘书考据》,其送交答辩的"论文"与原论文只有不到100字的差别。

对于案例一,威逻辑识破抄袭的思路在问话中表露得比较明显,论据

与结论的联系比较直接,我们在旁听时都能够感觉到该学生是抄袭了。下来后一起议论,认为威逻辑戳穿答辩者的抄袭有三步推导:

(1) 用一个选言推理使抄袭者不经意露出了惊慌

威逻辑针对答辩者论文陈述不流畅所提问的"是害怕还是生疏",是给出了一个选言命题,因为威逻辑认为,答辩者表述不流畅的原因,可能是二者之一,本是意向性地引导答辩者进行不相容选言推理,然而,那答辩者脱口而出的是:

"都有一点。"接着又改口说"不生疏"。在那特定的语境中,答辩者的回答及神情实际上是同时相容地认可了"既生疏又害怕"。至于答辩者的进一步辩解"我自己写的不会生疏……只是太紧张了"云云,并不能完全取消已产生的推论关系,相反更暴露出他对所答辩的论文确实有些生疏。

(2) 用一个假言推理继续追击答辩者对论文生疏的质疑

威逻辑针对答辩者的"紧张说",既给予友好地安抚:"唔。你不用害怕。既然不生疏,就不必紧张",同时又坚持原则地进一步询问"论文的全部都是你自己写的?"在答辩者继续谎称"是自己写的"之后,威逻辑要求答辩者读其论文中的古文引文,这就使抄袭者捉襟见肘,明显暴露出他很不熟悉"他自己写的论文"。

威逻辑之所以设计那样的提问和要求,其实是要取得现实证据,以验证这样一个假言推理:如果论文的全部都是自己所写,那么读论文的任何部分都不会那样生疏,若是答辩者把论文中的古代引文读得错误又不连贯,那么,可能该论文不是他深思熟虑之作。而事实上答辩者偏偏在读引文时更显出生疏,这样更进一步证实了威逻辑的该论文抄袭较多的推测。

(3) 用一个二难推理证实了答辩者说谎

威逻辑紧接着的一串提问:"你一共写了几稿?""你的第一、二稿与定稿的区别?""你说的是真实情况吗?""你与论文指导教师究竟谁说的是真话?"加上答辩者的相应回答,实际上帮助威逻辑最终用一个二难推理证实了答辩者说谎。

如果答辩者拿得出论文的一至三稿,那么答辩者说的是真话,如果答辩者拿不出论文的一至三稿,那么答辩者说了假话(即其指导老师说答辩者写了两稿就是真话),现在答辩者拿不出三稿来,因此,可以推断答辩者说的是假话。

答辩者为什么要把写了两稿说成写了三稿呢？目的是想证实论文是他自己写的，而故意用谎言来证明论文并非抄袭，却恰好说明是在掩盖抄袭。因此，当答辩者不得不回答"是的，我只写了两稿"时，威逻辑就可以完全证实了他的抄袭行为，从而严肃地叫他自己主动去与答辩委员会说明情况。

威逻辑看了我们的推断，指出我们整理的二难推理不规范，如果要揭示完整的思维过程，中间还可以至少补充出一个选言推理呢。但又宽容地说，日常推理往往可以跳跃一些步骤，你们的思路基本对头，也算是差强人意了。我们也觉得是这样，只得诚恳表示以后再逐渐训练得越来越严密。

案例二——2001年7月，函授专科生论文答辩的尾声

背景介绍：学校规定，被初审评定为"优秀"级别的函授专科生毕业论文，必须参加答辩后才能最后评定成绩。这个有抄袭嫌疑的答辩，本来安排在8个参辩专科生的第三，但该生请求安排在最后，于是他成了答辩日程的最后一个答辩者。威逻辑不是该论文的主辩教师，而且因为有些意外情况，威逻辑是在该生答辩之前半小时才看到其论文的。对主辩委员的提问，该学生的回答还能勉强应付，可招架不住威逻辑的提问。

威逻辑："你为什么要求安排在最后一个答辩？"

答辩者："我有点紧张。"

威逻辑："别紧张。你的论文题目是《论古代文论中的'情韵'》，刚才你回答主辩时提到'情采'，请问'情采'是什么？"

答辩者："'情采'……是感情色彩。"

威逻辑："你读过《文心雕龙》吗？"

答辩者："……读过。"

威逻辑："读过几遍？"

答辩者："一遍。"

威逻辑："全书都通读过一遍？"

答辩者："是。"

威逻辑："全书有多少章？"

答辩者：……

威逻辑："《文心雕龙》的作者是谁？"

答辩者：……

威逻辑："你还读过古代文论的哪些原著？知道陆机吗？"

答辩者：……

威逻辑："你们在专科就学习过'古代文论'课程？"

答辩者："没有。"

威逻辑："你们还没有开设'古代文论'课程，你又没有真正读过像《文心雕龙》这样的论著，连刘勰和陆机都不知道，能够独立写出这样有分量的论文吗？你抄袭也不看看用途和场合，是不是太离谱了？你还有什么话说？"

答辩者：……

后来的情况，只能是该学生老老实实承认抄袭。

原来，他是从《本科优秀毕业论文选》中选抄了一篇，当时只想着混过关去，没顾及内容涉及的是还没有开设的课程，更没想到又作为优秀论文参加答辩，再遇上威逻辑的火眼金睛，于是就必然露马脚了。

我记得，对于上面的抄袭案例，开始时大家都搞不懂，威逻辑为什么那样提问，而且为什么那样的几个提问就能够证实答辩者的抄袭行为。后来仔细想想，才逐渐明白了——威逻辑是根据答辩者的1个错误、3个谎言、2个支支吾吾、3个回答空缺和1个真实回答推断出来的。我们不妨回顾一下。

（1）威逻辑："你刚才回答时提到过'情采'，请问'情采'是什么？"

答："'情采'……是感情色彩。"

很显然，答辩者望文生义，回答错误。威逻辑知道，"情采"是中国古代文论的特定范畴，指作家在文章中显露出来的才情气韵或文采。

威逻辑的推断是这样的：如果是自己写的文章，那么应该对论文主要范畴"情韵"所涉及的"情采"也有所了解，因为二者关系密切，有的书甚至有时就把此二者当成一回事，但是答辩者虽然已在回答主辩教师时用到了"情采"一语，但追问时却回答得不着边际，所以，威逻辑由此生疑。但是，一贯严谨的威逻辑不会随便冤枉学生，因此她用一连串提问逐步查实。

（2）对威逻辑的3个连续提问——"你读过《文心雕龙》吗？""读过几遍？""全书都通读过一遍？"答辩者都给予很干脆的肯定性回答。但是，威逻辑的可贵和高明，就在于她对所发现和提出的问题绝不会浅尝辄止，于是,威逻辑接着问:"《文心雕龙》有多少章?"、"《文心雕龙》的作者是谁?"对这样与前面问题紧紧相关的追问,答辩者均无言以对,睿智的威逻辑自然能够推断答辩者的前面三次回答都是谎言。思维过程是:如果通读过《文心雕龙》,那么应该知道全书有多少章,也应该知道作者是谁,但答辩者一概回答不了,这说明答辩者对前面三个提问的回答是谎言。此时,威逻辑虽然已经基本上断定了答辩者有抄袭行为,但不愿把答辩者想得太坏,因此还友好地询问:"你还读过古代文论的哪些原著?知道陆机吗?"殊不知答辩者仍然回答不出来,这才使威逻辑在步骤(3)用最后的一个问题下了严正的结论,并且给予抄袭者严厉的批评。

(3) 威逻辑:"你们在专科就学习过'古代文论'课程?"

答辩者:"没有。"

威逻辑:"你们还没有开设'古代文论'课程,你又没有真正读过像《文心雕龙》这样的论著,连陆机都不知道,能够独立写出这样有分量的论文吗?你抄袭也不看看用途和场合,你还有什么话说?"

答辩者:……

步骤(3)的推断过程比较明显。威逻辑曾经说过,在语用中,有时用一个恰当的反问句或者"否则句",就可以表达出一个"省略了大前提的充分条件假言推理的否定后件式"。这里就是一个很典范的例子。该推理所省略的大前提是"如果能够独立写出这样有分量的论文,那么必须学习过'古代文论'课程或者研读过像《文心雕龙》那样的论著",而该推理的小前提和结论就是威逻辑说出来的那个反问句——"你们还没有开设'古代文论'课程,你又没有真正读过像《文心雕龙》这样的论著,连陆机都不知道,能够独立写出这样有分量的论文吗?"

威逻辑对答辩者的那些提问,我们乍一听都没有发现什么特别的,直到问题不断深入,答辩者不断暴露,才渐渐看出答辩者的抄袭端倪。

针对答辩论文能够提出那样一连串很内行、很专业的问题,不仅需要逻辑学的功夫,更需要对文学理论达到专业水平的造诣,而威逻辑就是这样一位一专多能的教授,她的知识又渊又博,总是能够针对毕业论文的具体论域提出很专业的问题,这也是有抄袭行为的答辩者们胆战心惊的重要原因之一。

逻辑时空 | 校园逻辑

案例三——2004年7月,汉语言文学专业函授本科毕业论文答辩现场

背景介绍:答辩论文的题目是《试析〈呼啸山庄〉的神秘美》。威逻辑教授不是该论文的主辩教师,但火眼金睛的威逻辑即使快速阅读也能发现该论文有几处错得很荒唐:有的是明显的笔误,有的是明显的疏漏。答辩者对于主辩老师的提问,接连回答得语无伦次,还反而说:"老师,您的问题太长了,我听了记不住。"于是威逻辑决定提短问。

威逻辑:"请解释一下'神秘美'的含义。"
答辩者:"'神秘美'就是从神秘中体现出美。"
威逻辑:"唔。你读过几遍《呼啸山庄》原著?"
答辩者:"3遍。"
威逻辑:"小说中的凯瑟琳是希拉克利夫的妹妹还是姐姐?"
答辩者:"是……是姐姐。"
威逻辑:"是吗?正如你的论文所说的那样,小说中写的林敦梦魇既恐怖又有一些神秘美,是你自己分析出来的吗?"
答辩者:"是我自己分析的。"
威逻辑:"你敢于坚持你的分析吗?"
答辩者:"敢坚持。"
威逻辑:"错。你刚才的两个回答都是错误的。因为,小说中的凯瑟琳既不是希拉克利夫的妹妹,也不是姐姐,而曾经是情人;小说中多次出现的有恐怖感和神秘美的梦魇,并不是林敦的,而是洛克乌德的。你究竟读没读过原著?请说实话。"
答辩者:"……读过一点,……没读完,……也没怎么读懂。"
威逻辑:"你姐姐和你哥哥毕业5年了吧?"
答辩者:"6年了。老师,你认识他们?"
威逻辑:"当然认识。谁帮你写的?是你哥哥还是你姐姐?"
答辩者:"……我……哥哥。"

就这样,两个以虚带实又猝不及防的选择问,就巧妙地套出了答辩者请人代笔的真相了。

威逻辑在案例三中逮住抄袭者的成功似乎太容易,简直是三下五除二就解决了战斗。我们在场的听得都有点玄乎,对于答辩者竟然那么爽快地就供认出代笔者"是我哥哥"更是不可思议。但是,经过威逻辑的一番解释,又一下子明白了答辩者的招认完全是"出乎意料之外,又在情理之中"。

威逻辑说,她在阅读该毕业论文时发现,乍一看该论文似乎文从字顺,但一细读就发现好几处错误实在荒唐——论文中的代词"他和他的"一出现,所指代的对象就混乱起来;论文中有几处提到作品中的人物及其行为,竟然张冠李戴也不知道;另外,论文有似曾相识之感。

为消除这些疑点,威逻辑根据答辩进程施行了四步试探,目的就是考察答辩者是不是认真读过了原作品。因为认真读过原著是答辩者独立写作论文的必要条件,如果连原著都没有读过,那就根本谈不上写得好或坏、深或浅了。威逻辑说到这里,还幽默地说:"你们看,这就是我逮抄袭者的秘密逻辑武器。你们也会了吧?"

当然,我们能够体味出,我们对于威逻辑给我们讲的必要条件是记忆很深的——"必要条件是事物万万不能少的条件,任何事物只要缺少它的任何一个必要条件,那么该事物100%地必然不会出现。"而且我们还能够理解,由于威逻辑对学生没有持成见和偏见,她向答辩者提出的第一问"请解释一下'神秘美'的含义",本是答辩时的常规提问,并且,尽管答辩者对第一问的回答肤浅又不到位,威逻辑的第二问也仍然很友好"你读过几遍《呼啸山庄》原著?"答辩者的回答是明显的谎言("3遍"),于是威逻辑使用了机智的"虚晃一枪选择法",继续考察答辩者究竟有没有读过原著。

威逻辑先问:"小说中的凯瑟琳是希拉克利夫的妹妹还是姐姐?"由于答辩者对此的回答是胡言,威逻辑不得不再次使用"虚晃一枪选择法"。

威逻辑:"正如你的论文所说的那样,小说中写的林敦梦魇既恐怖又有一些神秘美,是你自己分析出来的吗?"

这一次,答辩者的回答(是我自己分析的)既是谎言又夹有胡言,而且还不知深浅地对威逻辑紧接着的追问,还回答"敢坚持"。这样一来,迫使威逻辑亮出了底牌——

"错。你刚才的两个回答都是错误的。因为,小说中的凯瑟琳既不是希拉克利夫的妹妹,也不是姐姐,而曾经是情人;小说中多次出现的有恐怖感和神秘美的梦魇,并不是林敦的,而是洛克乌德的。你究竟读没读过原著?请说实话。"

威逻辑的底牌一亮,答辩者当然自知势败理亏,无法招架,只得乖乖承认:"……读过一点,……没读完,……也没怎么读懂。"

到此为止,威逻辑对答辩者"没有读过原著"的考察已经大功告成,然而,威逻辑毕竟是威逻辑,她的话锋一转,忽然问道:

"你姐姐和你哥哥毕业5年了吧?"

回想起来,那天在答辩现场听到这里,我们都大感不解,完全想不到威逻辑会提出这样的问题。而当时那个答辩者听到此话也一定懵了,不过他也许有某种希冀,因为他那时的表情和声音都怪怪的:

"6年了。老师,你认识他们?"

更戏剧性的是,威逻辑又一次突转话锋:

"当然认识。谁帮你写的?是你哥哥还是你姐姐?"

威逻辑的上述问话已经够突兀的了,更无法预料的是答辩者居然那么痛快地招认:

"是……我……哥哥。"

我们下来向威逻辑问得最多的就是最后这一幕。威逻辑先是神秘地说"这是个秘密",然后就补叙了一段故事:

应该是6年前吧,有两个函授学员来请威逻辑指导毕业论文,说他俩是兄妹,在同一个班,都非常喜欢《呼啸山庄》,觉得小说里有一种说不出来的东西,似乎又肯定善良又同情邪恶,又歌颂爱又歌颂恨,写欢快时又有恐怖,等等,还说哥哥想写《试论〈呼啸山庄〉的人物塑造》,妹妹想写《〈呼啸山庄〉的艺术特色》。威逻辑当时肯定了他们对《呼啸山庄》有一定的感受,同时告诉他们,艾米莉·勃朗特的《呼啸山庄》从内容到形式都对传统的小说有很多突破,一般人较难读懂,要想彻底把握其思想内容和艺术表现,不是函授本科生在短时期内可以完成的,建议他俩可以考虑评议《呼啸山庄》的某一方面,比如评议其粗犷美或者神秘美之类。兄妹俩接受了威逻辑的建议,威逻辑也认真指导他们拟定了提纲,完成了第一稿。后来,因为那一届写逻辑与语言方面的论文比较多,而非逻辑学的老师难以指导,学校只好把威逻辑调整去逻辑—语言组指导,而关于《呼啸山庄》那两篇论文的继续指导,也就转托给别的老师去了。事隔多年,威逻辑虽然也淡忘了,但毕竟有过威逻辑自己的思考,当威逻辑重新见到这篇《〈呼啸山庄〉的神秘美》,就有似曾相识的感觉,只是一时想不起某人某时等一些细节。随着答辩进程的一步步展开,威逻辑的思绪越来越清晰,联想越来越确定,所以,威逻辑最后能够大胆地推断性提问:"是你哥哥还是你姐姐帮你写的?"而答辩者因为拿不准威逻辑究竟掌握多少实情,只有如实招认了。

听了威逻辑的解释,原来认为不可思议的一切就变得是那样言之成理,持之有据,完全是水到渠成,必然无二了。恐怕任何人都只能说"原来如此!必然如此!"那个答辩者面对威逻辑那样有层层铺垫又猝不及防的选择问,一时间哪里想得出对策来掩盖请人代笔的真相呢?

这次答辩后,同学们之间传说很多,都说威逻辑是一尊主持真理和正义的正神,老天爷都成心助她,连抄袭多少年前的论文都会被她撞上。你要是想抄袭,即使到各个寺庙烧透高香,跪遍大佛,也难免被威逻辑撞上而原形毕露。

逻辑时空　校园逻辑

§20　没在考场竟能抓住作弊者

（弟子 U 的来稿）

威逻辑教授虽然是个高度近视眼，但却有一双明察秋毫的逻辑眼睛，往往能够凭借有限的蛛丝马迹，就能够推断出许多肉眼看不见的正确结论。有时甚至使那些视力正常或远视者都惊羡不已。

案例一——隔墙监考抓作弊

2002 年 1 月 11 日，威逻辑在 203 教室监考公共课"政治经济学"。考试时间已经过去了两小时，再有半小时就该全部交卷了。

突然，在隔壁 204 监考同门课程的"乔外语"急慌慌地推门进来说："您这里还有多余的试卷吗？快给我一套，我那边教室的一个学生现在才说他的试卷没有答题卡。"

威逻辑一面递给"乔外语"一套试卷，一面说："你别着急，我跟你过去看看。"

威逻辑与另一监考老师交代了一下就到了 204 教室。教室里剩下的考生已经不足 10 人，大都已经在检查复核。要求补发试卷答题卡的学生坐在靠墙的倒数第二排，正在无所事事地东张西望。他后面的学生则正在埋头做题。威逻辑走过去对他说："这次考试共五大题，占了 70% 的第一至第四大题都要求做在答题卡上，你怎么到快交卷了才想起来要答题卡？"

"我是先做后面的第五题，不可以吗？"

"当然可以的，不过，你的时间恐怕不够了。"威逻辑说完就示意"乔外语"到教室外面说话。

"乔老师，这个考生有作弊嫌疑，您进去注意他与他后面那个考生的举动，要马上翻查和对比他们两人的试卷。"

"乔外语"按照威逻辑的提醒，进去直奔那两人的课桌。

"乔外语"竟意外发现，要求补发答题卡的那个考生桌上忽然有了两份答题卡，其中有一份空白，另外一份则已经完全做好了第一至第四题。

经对照，他后面那个考生的答题卡与该考生的选择涂黑完全一样。

显然，因为"乔外语"进来得太快，他俩来不及把刚才补发的新答题卡

144

收拾好。"乔外语"拿到了他们串通作弊的证据,心中暗自佩服威逻辑的先见之明。

后来,经过教务处的盘问,两个考生不得不交代了他们作弊的过程——要求补卡的考生让坐在其后的考生代他做答题卡,没想到被"乔外语"巡视时无意中发现他的答题卡不在桌面,就干脆推说没发到答题卡,要求补发。更没有想到的是,火眼金睛的威逻辑会从隔壁跟进来,于是引起怀疑,因此作弊暴露。

事后,"乔外语"问威逻辑是怎么断定那两个考生作弊的,威逻辑说:

"那很简单,我用了两个假言推理。先用的是一个充分条件假言推理的肯定前件式:如果该生真的是没有发到答题卡,那么他绝对不会等到临近交卷时间才要求补发。因为,试卷首页上明明写着:第一至第四大题必须做在答题卡上,否则无效。而该生也不可能在前面两小时里连第一至第四大题的题目都不看一眼,就直扑后面题目并且仅仅只做了第五大题。但是,该生偏偏在考试两小时后,并且居然是在你发现他答题卡不在桌面时才要求补发,这说明他并非没有发到答题卡,而是他的答题卡另有去处。按照语用推理的思路,在特定的考试语境中,这个'另有去处'就与作弊相关。当然,这些都还只是推测,需要事实证明其前提的真实性,所以我请求你进去时注意观察取证。果然就发现了他那'另有去处'的答题卡欣然归来了。至于他后面的考生为何引起我怀疑呢?那是因为,我发现他正忙于涂黑答题卡,可是涂黑时又不看看相关题目,好像是在凭记忆行事。于是引发了一个必要条件假言推理肯定后件式:只有对考题熟悉的人(至少做过一遍),才可能不对照原题就作答,该考生在涂黑答题卡时根本不对照原题,所以他绝对不是第一次做那些题目。那么他为什么要重复做答题卡呢?当然不是为他自己,而是为他人效力了。可惜的是,那个代人作答的考生也必须受到处分,这似乎有点冤枉,然而谁叫他没有是非观念呢?这算是给他糊涂行事的一点纪念吧!"

"原来,推理也不仅仅是看言论,还要联系动作行为来思考啊!""乔外语"听罢,霎时很有感慨。

"那当然了。推理虽然是在大脑里用语言进行的思考,但人们对动作行为的看法是能够化作语言进入大脑思考的呀。语用推理、语境推理、合情推理等，都是必须要结合具体语用状况进行的推导。而且严格地说，任何正确推理要求的'前提真实'，就是强调要查证所涉诸方的言论是否符合实际以及其动作、行为是否真实存在。因此，察其言，观其行，究其实，是逻辑推理前提的不竭之源。把握这些正确观念，推理才可以在方方面面，源源不断地推演下去，人类的认识长河就是这样万世不竭地延续下去的呀！"威逻辑向"乔外语"耐心地解释。

案例二——分析怪字抓作弊

2005年1月初，在评阅"逻辑学"期末考试卷时，威逻辑发现有两份试卷（以下分别称为A卷、B卷）都共有一个胖乎乎的怪字——好像是将"逻"字的偏旁"走"与"辑"字的偏旁"车"那么扭两绕，就把"逻辑"两个字"合二为一"了。略有不同的是，A卷中凡是遇到"逻辑"二字皆是用"合二为一"的怪字，而B卷则有的地方用"合二为一"的怪字，有的地方又仍然用很正规的"逻辑"两个字。于是，威逻辑推断出A卷与B卷的答者有作弊行为，而且A卷是B卷的原版，B卷则是A卷的盗版。经过调查落实，证明威逻辑的推断准确无误。

使两个考生不得不承认有作弊行为的，是他们无法辩驳威逻辑的如下推理。

推理一：如果A、B卷没有任何关联，那么就不会在两份卷面出现共同的怪异错字。因为，若出现相同的别字，如把"张"写成"章"，把"礼貌"写成"里貌"往往是不约而同的，但是，出现比较固定的错字，即字的笔画规律性地不规范，例如把"问题"两个字写成"门"字里有个"T"，或把"思维"写为"W"上面加个"田"等，那往往是某个人的习惯。别人即使能够解读，也不一定模仿，除非为了完全搬照。现在A、B卷多次出现共同的怪字，可见A、B卷有关联。

推理二：如果A、B卷因为有共同的怪字而关联，那么，要么是A（B）出于书法欣赏喜欢模仿B（A）的怪字形，要么是A（B）出于表达内容所需而无意识地照搬B（A）的怪字形；而若是出于书法欣赏喜欢模仿那个怪字，那就应该凡是遇到"逻辑"一词就都一律模仿对方统统写成怪字，若是出于表达内容所需而无意识地照搬怪字，那么，有时就会按照自己的理解，自觉或不自觉地翻译成自己习惯的写法，有时则会由于不能马上领悟对方的意图只好"照鬼画符"了。现在知道 A、B 卷因有共同的怪字而关联,并且 B 卷不是出于书法欣赏的喜欢而模仿(因为 B 卷并非凡是遇到"逻辑"一词就都写成怪字,而是有时写成怪字,有时又仍然写成自己习惯的"逻辑")。可见,B 卷是出于表达内容所需而无意识地照搬怪字了。

在考试时照搬别个考生的答题内容,不是作弊是什么?

那两个作弊的学生,刚被教学秘书叫到办公室时还狡辩,等到威逻辑拿出试卷,指着那个怪字做了上述分析之后,他们两谁也说不出话来了。你想想,在那样铁证如山又细析如缕的状况下,无论是谁都无法抵赖了。

关于威逻辑凭借逻辑智慧抓住作弊者的事实还有多件,那都在历届学生中相递传说着。这不仅使威逻辑更有了几分传奇色彩,而且使莘莘学子更具体地领悟到:

知识是力量,智慧是力量,逻辑也是力量。因为,逻辑可以作为知识,又可以通过经常运用而融会成为逻辑能力,还可以由培养好的思维习惯逐渐提升为逻辑智慧,关键看你对逻辑的驾驭水平了。

逻辑时空 | 校园逻辑

§21 早推知马加爵天涯亡命

（弟子 V 的来稿）

　　人们很难忘记令人发指的马加爵案件。那是 2004 年 2 月 23 日，云南大学鼎鑫学生公寓 6 幢 317 宿舍的衣柜里发现了 4 具男尸，死者唐学李、杨开红、邵瑞杰、龚博，均为云南大学生命科学学院 2000 级生物技术专业即将毕业的大学生。案件一经披露，闻者怵然，举国震惊。

　　谁是杀害四学子的凶手？为什么要杀害他们？一时间成为亿万人心中的两大疑团。

　　威逻辑教授在马加爵案件中作了三个有效推断。

　　在案件披露的第一时间（2004 年 2 月 25 日），威逻辑教授从她的几个学生那里知道了现场勘察的情况：死者有 3 个都是该宿舍的，该宿舍一个叫马加爵的学生失踪 8 天了；现场有一把铁锤，铁锤上面有马加爵的指纹；现场有马加爵的 7 处血迹；马加爵原先与死者都是较好的朋友。

　　同学们要求威逻辑教授推论一下这起凶杀案的凶手，威逻辑教授说：马加爵作案的可能性最大。同学们将信将疑。但是，紧接着就有消息传出来：警方已经认定，马加爵是犯罪嫌疑人，而且国家公安部还颁发了悬赏抓捕马加爵的全国通缉令。

　　2004 年 3 月初，同学们又要求威逻辑教授推论一下马加爵的去向。小 W 还跃跃欲试地说："您推论得对，说不定我们还能抓住马加爵，得到赏金 25 万元呢。"威逻辑说："根据你们提供的资料，（1）马加爵是广西人，（2）马加爵曾经在电脑里储存过反刑侦的资料，（3）马加爵对沿海感兴趣，曾想到广东打工，那么可以推断：马加爵到海南的可能性最大。"虽然，有个同学把这一推断提供给警方参考，但是同学们仍是将信将疑。然而，2005 年 3 月 15 日晚 9 点多，人们从多种渠道得知："犯罪嫌疑人马加爵在海南省的三亚被抓获"。

　　接下来的日子是破了惊天命案的大惊喜，对举报人摩托骑士陈贤壮举动的大感激和其获 25 万元的大羡慕，对亲手抓获马加爵的民警黄宏志的大佩服，对所有参战警力的大歌颂，及至媒体的种种报道。

逻辑时空 | 校园逻辑

2004年4月7日,昆明市人民检察院对马加爵以故意杀人罪提起公诉,此后昆明市中级法院开始审理此案,4月22日,马加爵案一审开庭,4月24日该案审判长刀文兵作出宣判:被告人马加爵犯故意杀人罪,判处死刑,剥夺政治权利终身。

在案发后的日子里,同学们对马加爵的杀人动机一直有争议,普遍对马加爵自述的"因为打牌吵架起了杀意"不同意。威逻辑说:"根据这段时间的多方资料,可以推断:马加爵的杀人动机不仅仅是因为打牌吵架。"

同学们同意威逻辑对马加爵杀人动机的看法,而且迫切要求威逻辑详细解说关于马加爵案件的三次推论。威逻辑欣然同意,耐心地为我们展示了一系列推理。

一、推断马加爵是凶手。那是根据你们提供的案发现场勘察情况:

1. 与死者同宿舍的马加爵失踪8天了。
2. 现场有一把铁锤,铁锤上面有马加爵的多处指纹。
3. 现场有马加爵的7处血迹。
4. 马加爵原先与死者都是较好的朋友,案发前的一段时间还经常在一起。

推断的过程:

根据条件3和4并且加上必要的常识前提,可以或然性地推出:马加爵可能与死者同时受害(此可为推论1)。推理形式可以连续使用回溯推理等。

根据条件2并且加上必要的常识前提,可以推出:马加爵可能或者用铁锤反抗过暴力而与死者同时受害,或者用铁锤残害了死者(此可为推论2)。

根据条件1和推论1并且加上必要的常识前提,可以推出:马加爵可能被活着绑架或者尸首被转移(此结论可为推论3)。

根据条件1和推论2并且加上必要的常识前提,可以推出:马加爵可能或者与死者同时受害后被转移,或者用铁锤残害了死者后逃遁(此可为推论4)。

但是,根据 推论1+推论2+推论3+推论4+常识条件(如果凶手不是马加爵,那么无论马加爵是死是活,凶手都没有必要把马加爵单独带走),却只能够推出:凶手可能是马加爵(此可为推论5)。而且，在这个推论中，条件2是很关键的物证，那把有着马加爵多处指纹的锤子，很可能就是使四个学子致死的凶器。

后来的供词证实，马加爵的确是用那把锤子在3天内分4次击杀了4个同窗。

对于推断一，威逻辑引导我们思考，面对现场提供的几个条件，怎样才能找到它们之间的逻辑联系呢？这需要具备一定的生活经验和掌握熟练的推理形式，并善于运用明确因果联系的逻辑方法。就生活经验而言，至少你要知道锤子是可以当作武器的，而且会联想到同宿舍的4人中有3人遇害，1人失踪的现象是可疑的；就推理形式而言，则除了掌握常用的三段论、假言推理、选言推理等有效式之外，还应该多多益善地了解或然性的推理，比方枚举推理、概率推理等不完全归纳推理，合情推理、语用推理等常识性推理，而回朔推理，就其纯推理形式而言，本来不是假言推理的必然有效式，但在刑侦中常用来做一些推测，有着引导思路的特殊作用，只要最终能被事实证明，仍然可以带来正确结论。重要的是你要善于分析几个条件之间的相关关系尤其是制约关系。比方，现场有某人的血迹，那么就可以推测出，该人可能到过现场，或者该人可能是受害者而被伤，或者该人是行凶者但在伤别人时也因被回击而受了伤，等等。威逻辑还提醒我们，在上述推理中，由于所使用的并非都是必然性推理，再加之有时难以马上证实推理前提的真假，比方推论5就是用所推出来的结论作为前提，故并非都是必然正确的推理。因此，所推出来的结论必须经过取证调查的检验，才能最终得到或者确认或者取消或者修改。威逻辑提示我们，推断一主要用到了假言推理、选言推理，但因前提的信息一时不够完备，每个推理只能够推演出"可能这样"，而不能推演出"必然这样"。点拨我们自己补充出完全又规范的推理过程。我自己是做了，但篇幅有限，这里就不展开，相信有兴趣的读者自己也会补充出推理全过程的。

二、推断马加爵逃跑到海南。也是根据你们提供的信息：

1. 马加爵是广西人。
2. 马加爵曾经在电脑里储存过许多反刑侦的资料。
3. 马加爵对沿海感兴趣，曾想到广东打工。

推断的过程：

根据条件1和3加上必要的常识诸如广东、广西均是沿海地区，与自己家乡相同相近的地方容易适应，等等，就可以用合情推理推出：马加爵多半逃跑到沿海地带，因为沿海地域与他家乡的相似处较多，且人体外貌也相近（此可为推论1）。

根据条件2和推论1，加上对刑侦常识的必要了解诸如刑侦常用排除法，逃犯的家乡和亲属住处往往是搜寻重点，等等，就可以假设性地推出：马加爵到海南的可能性最大。因为，按照马加爵的反刑侦意识，海南不是家乡，没有亲属，一时不会作为重点，而且是旅游胜地，人越多越杂越安全。

三、推断马加爵杀害同窗友好的原因不仅仅是"打牌吵架"。是因为媒体及你们提供的情况：

1. 马加爵一直对杀害4个同窗缺少深刻的悔意。只痛悔对不起自己的父母，却只字不提对不起4个同窗及他们的父母。
2. 马加爵对作案有过周密的布置。
3. 马加爵没有精神障碍。
4. 马加爵的性格有乖戾的一面，等等。

推断的过程：

根据情况2和情况3，可以推出：马加爵在作案的前、中、后都是神志清醒的（此可为推论1）。

根据情况1＋情况4＋推论1，可以推出：马加爵杀害4个同窗绝不是偶然的一时冲动。因为若是一时冲动，在冷静后就一定会对无意杀害了好朋友而深感忏悔，叨叨不忘，甚至可以因为十分痛悔而去自首。但马加爵表现出来的却是情况1，这可见马加爵与死者有一定积怨，并且不能正确对待这些积怨，直至致对方于死地也不感到愧疚。因此，马加爵在审讯中才会始终只强调其杀人动机是因为"打牌吵架"，那是不能令人信服的。

威逻辑认为，运用选言推理能够必然性地推出"打牌吵架"可以是马加爵杀人的一个表层原因，但绝不是深层面的原因，更不是唯一原因。从犯罪学角度看，嫉妒心理、报复心理、暴虐心理等不健康心理，以及在法律观念、道德观念、价值观念等方面出现偏差等，只要有其中之一，都可能引发犯罪行为。而上述的种种不健康心理和观念偏差,彼此又是相容的,要是某个人同时具有几种情形,那就更容易直接引发犯罪了。媒体上对于解释马加爵杀人动机的"不平衡说""受压抑说""被排挤说",等等,本来就只是强调了"贫困"这个缘由,而从这个缘由生发出去的诸如"马加爵因为自己是贫困生,看见别的学生生活富裕而心理不平衡,所以发生心理问题直至杀人""马加爵因为是贫困生而受排挤,直至杀人"与"马加爵因为性格乖戾而容易与他人积怨难消,直至杀人""马加爵因为价值观念偏差容易报复他人,直至杀人"等等,多种说法的彼此之间都是可以相容的选言命题,那么就不可以在肯定了一种说法之后而否定其他说法。既然如此,即使肯定了其中某些肢命题,仍不能就断然否定剩下的肢命题。更何况,单纯由"打牌吵架"引起的心理问题,一般情况下甚至还达不到"不平衡""受压抑""被排挤"的其中之一,那就更不能作为杀人而且是杀害4个同窗好友的理由了。

还有,威逻辑教授特别不认同"马加爵杀人的最终原因是贫困"的说法,因为事实上最能够反驳这些说法的根据是:被马加爵杀害的4个同窗都是贫困生,其中龚博甚至比马加爵还贫困,然而他们都没有去杀人,也许连杀人的动机都不曾产生过。所以,即使马加爵或者其他贫困生曾经有过心理不平衡、有过受压抑或者被排挤的感觉,都不是马加爵杀害同窗友好的最终原因,更不是马加爵杀害同窗友人的合法理由。正如一审马加爵案件的审判长刀文兵在新闻发布会上回答记者时所说:"马加爵的悲剧原因,应该来说就是他自己,最关键还是他自己。在法庭,最后他作陈述时,他的第一个陈述就是对不起他的家里,对不起他的父母。他忽视了被他杀的同学,同样是父母生,父母养,养那么大,人家没什么过错。在那种情况下,他把人家残忍杀害了,杀了那么多人,他应该更对不起的是这个。这个人的道德观念和价值观念这些方面都出现了偏差,最终导致他毁灭了自己,也毁灭了别人。"(注:摘自《都市时报》2004.6.13.A7版)

威逻辑对审判长的分析基本赞同,同时指出,说马加爵"忽视"了被他所杀害的同窗,这个概念的表述在逻辑上还不够严密不够精确,在犯罪的心理定性上还不够准确不够到位。马加爵是"漠视"了他人的生命,是无理剥夺了他人的生存权利和严重损害了他人家庭的根本利益。可见,在我们的校园里迫切需要进行人性、人格、人权教育和对理性思考能力、理智控制能力的培养,总的来讲是要重视提高莘莘学子讲知识、讲法律、讲道德、讲逻辑、讲理性的文明素质。

只有能从上述多种角度和多种因素深入认识马加爵的犯罪原因,才有利于正确地、全面地总结大学里素质教育的得与失,以及大学生思想工作的经验与教训,从根本上防止马加爵类恶性事件的发生。

马加爵事件后,许多人更加佩服威逻辑的推理能力和逻辑预见性,不断有人当面夸奖威逻辑"简直就成了福尔摩斯女士了"。然而,威逻辑却很严肃地说:

"马加爵事件是很令人痛心的恶性事件,我不愿意把自己的聪明才智再次用在这样恶性事件的推导中。因为我希望马加爵这样的恶性事件是空前绝后的,它既是前所未有的也应该是后所不继的。作为逻辑教师,有责任从逻辑的角度帮助人们尤其是帮助莘莘学子,努力提高自觉自愿的理性的人文关怀水平和法律意识,以从人性、人格的高度来杜绝恶性事件再发生,而同心协力建设一个理性的、文明的、和谐的文化校园和小康社会,这才是我们所有教育工作者和逻辑学工作者的共同理想。"

是的,正由于校园里有无数威逻辑这样理性的、智慧的、尽职尽责的、可效可仿的、可敬可爱的、可亲可忆的殷殷园丁,我们一批又一批的莘莘学子才能健康成长,我们的校园才能充满了阳光!

扣 子
——逻辑弟子的网络世界

画面:http://www.sohu/聊天室

威逻辑教授的弟子 A、B、C、D、E、F、G、H、IJKLM-NOPQRSTUV 公告所有的威逻辑门下弟子:

谢谢大家在短短一个多月里发来了上百篇回忆威逻辑关于教育、教学逸事的文章。限于篇幅,我们只选取了威逻辑关于本科生教学的 21 篇稿子。

未选中的文章未必不好,而是我们将另派用场,再结新集。

初步打算:把威逻辑关于硕士生和博士生的教育、教学逸事各成一集。但那是在威逻辑 60 华诞之后的程序了。

好在"青山不老,绿水长流",我们都还年轻,生活在继续,逻辑学也在继续。我们将在逻辑王国里继续前行,大家后会有期吧!

主要参考书目

1. 周礼全:《逻辑——正确思维和有效交际的理论》,人民出版社1994年4月版。
2. 〔美〕威拉德·蒯因著,江天骥、宋文淦、张家龙、陈启伟译:《从逻辑的观点看》,上海译文出版社1987年9月版。
3. 诸葛殷同、张家龙、周云之、倪鼎夫、张尚水、刘培育:《形式逻辑原理》,人民出版社1982年11月版。
4. 上海市逻辑学会编:《传统逻辑与现代逻辑》,开明出版社1994年10月版。
5. 何向东等著:《逻辑学教程》,高等教育出版社2005年版。
6. 王路著:《逻辑的观念》,商务印书馆2000年3月版。
7. 李志才主编:《方法论全书Ⅱ应用逻辑学方法》,南京大学出版社1998年3月版。
8. 陈波:《逻辑哲学导论》,中国人民大学出版社2002年1月版。
9. 陈波:《逻辑学是什么》,北京大学出版社2002年1月版。
10. 武宏志、刘春杰主编:《批判性思维》,陕西人民出版社2005年6月版。
11. 王维贤、李先焜、陈宗明著:《语言逻辑引论》,湖北教育出版社1989年10月版。
12. 陈宗明著:《汉语逻辑概论》,人民出版社1993年11月版。

13. 黄华新:《逻辑与自然语言理解》,吉林人民出版社 2000 年 12 月版。
14. 王路、刘奋荣主编:《逻辑、语言与思维》,中国科学文化出版社 2002 年 7 月版。
15. 方立:《逻辑语义学》,北京语言文化大学出版社 2000 年 8 月版。
16. 陈宗明:《逻辑与语言表达》,上海人民出版社 1984 年 3 月版。
17. 蔡曙山:《言语行为和语用逻辑》,中国社会科学出版社 1998 年 11 月第一版,2000 年 3 月再印。
18. 张家龙:《模态逻辑与哲学》,中国社会出版社 2003 年 3 月版。
19. 吴家国:《逻辑散论》,广西师范大学出版社 1996 年 12 月版。
20. 秦豪:《问题逻辑学概论》,陕西人民教育出版社 1993 年 12 月版。
21. 韦世林:《汉语—逻辑相应相异研究》,云南教育出版社 1994 年 7 月初版,2000 年 4 月再版。
22. 吴家麟:《故事里的逻辑》,宁夏人民出版社 1980 年 7 月版。
23. 彭漪涟、余式厚:《趣味逻辑学》,中国青年出版社 1982 年 12 月版。
24. 魏兴学:《逻辑趣谈》,黑龙江人民出版社 1982 年 2 月版。
25. 江苏人民广播电台理论组编:《趣味逻辑》,广播出版社 1982 年 4 月版。
26. 郑伟宏、倪正茂:《逻辑推理集锦》,光明日报出版社 1985 年 1 月版。
27. 桂起权、任晓明、朱志方著:《机遇与冒险的逻辑》,石油大学出版社 1996 年 3 月版。
28. 周耀烈:《思维之窗》,浙江大学出版社 2000 年 10 月版。
29. 彭漪涟:《古诗词中的逻辑》,北京大学出版社 2005 年 9 月版。
30. 郑伟宏:《逻辑与智慧新编》,北京大学出版社 2005 年 7 月版。
31. 谭大容:《笑话、幽默与逻辑》,北京大学出版社 2005 年 7 月版。

后 语

《校园逻辑》敲完了第21节的最后一个字,心里也如末句一样充满了阳光。

当然,阳光绝不是源于"文章是自己的好",只是觉得终于可以向主编和责编交上这篇"命题作文"了。本来,主编刘培育先生于2004年初就寄过来"作文命题",布置我写"教学中的逻辑",可不知何故,我并没有收到。于是就重新寄,重新收,一直盘桓到年中,才正式受命。然而,本职工作的每学期3门课程压在肩上,连暑假都在上函授课;加上兵头将尾的一些琐事;又偏偏碰上本单位稍微优惠的商品房刚刚竣工,于是又横插进来一串程序:买房—选房—装修房—搬腾旧房—收拾新房,等等,能够留给敲电脑的整块时间实在太少。所幸本书虽属命题作文,但题目的论域对于执教多年的我还是熟悉的,平日也有些积累和思考。比如,威逻辑虽然是个虚拟人物,但书中的案例却都是笔者亲见亲闻或亲历的客观事实。故自从接受书约之后,相关的思绪与学理似乎随时都会涌到键盘上来。于是,只要有一点时间,我就不喝咖啡,不看电视地敲键盘。一秋两夏过去,居然也有了今日。然而,仓促完成之作,只能算是差强人意,不能与从从容容地写几年的书相比,只有请读者多多海涵了。

说到写书,还当提及一笔,2004年4月北京的逻辑研讨会,曾安排我与延安大学教授武宏志负责《批判性思维》一书，我承诺撰写"归纳论证"一章，资料也找了，读了；提纲也思考了，拟定了，但就是没有时间，于是只好采取"能赖就赖"的对策，恳求武宏志饶过。武宏志也大气，没有再追逼我。可我仍然惴惴不安，甚至不敢开电子信箱，生怕忽然看见催稿邮件而无言以对。直到武宏志、刘春杰主编的《批判性思维》面世，见到"归纳论证"是武宏志亲撰，才松了一口气。不过，还是应该在这里向该书的作者们致歉，我也许耽误了他们的出版预期，希望该书的作者们看到这个后语时，也会理解和宽恕我。

在此，要特别感谢主编刘培育先生和策划编辑杨书澜女士。原拟《校园逻辑》2004年底交稿，由于上述原因，我请求延迟至2005年6月，而6月又成了12月，现在竟然一不小心就到了2006年5月。这样一拖再拖，实在不好意思。可主编很会做人很会做工作，虽频频发短信来，但催问中总是饱含关心和问候，令我在敲电脑时也总是感到几丝温馨。还有，本书有相当多的表格，这一定使责任编辑费神不少，在此遥谢了！

其次应该提到我的友人和家人。我的新老朋友，均了解我有较重的风湿性心脏病，不能过分劳累（这或许也是丛书主编即使催稿也很婉约的原因之一），知道我一边讲课一边搬家一边写书，都主动伸出友谊之手，帮我做这做那；我的20个在读研究生（我视学生若友人，我的师德格言是"一日为师，终身为友"）更是关爱切切，随时询问"需要我们做什么？"写书虽插不上手，但搬家的若干程序他们都参与了，有的甚至还把男朋友和弟弟都带来帮忙。我家近2吨的书刊，基本上是他们从旧书架上编号整理又按编号移到新书柜中的。这使我不能不心存感激，更加奋进。我的夫君姜斗星，也主动为我做好了后勤服务，一般情况下的买菜做饭，完全落在他的头上（当然，他写书时我也是恭敬伺候的）。可见，即使是一本小书，也需要多方支持。

得到过他人的支持，理应投桃报李，所以，在前言之余，须写此后语，以向所有帮助过我的人们一一致谢！

韦世林
2006年5月6日